讀壺小品

胡付照 著

壶里乾坤大，杯中日月长。
在饮罢茶汤、余味悠长之际，
我们把视线久久地停留在眼前的这把壶上。
它为何如此迷人？
令文人雅士清供案头，伴读、安心？

生活美学小品系列

中国财富出版社

图书在版编目（CIP）数据

读壶小品／胡付照著．—北京：中国财富出版社，2012.12
（生活美学小品系列）
ISBN 978-7-5047-4215-5

Ⅰ.①读…　Ⅱ.①胡…　Ⅲ.①紫砂陶—陶瓷茶具—介绍—中国
Ⅳ.①K876.3

中国版本图书馆 CIP 数据核字（2012）第 052648 号

策划编辑　钱　瑛　　　　责任印制　何崇杭　王　洁
责任编辑　张　娟　　　　责任校对　孙会香　饶莉莉

出版发行　中国财富出版社（原中国物资出版社）
社　　址　北京市丰台区南四环西路 188 号 5 区 20 楼　　邮政编码　100070
电　　话　010-52227568（发行部）　　010-52227588 转 307（总编室）
　　　　　010-68589540（读者服务部）　010-52227588 转 305（质检部）
网　　址　http://www.clph.cn
经　　销　新华书店
印　　刷　北京京都六环印刷厂
书　　号　ISBN 978-7-5047-4215-5/K·1767
开　　本　787mm×1092mm　1/16　　版　　次　2012 年 12 月第 1 版
印　　张　16.25　　印　　次　2012 年 12 月第 1 次印刷
字　　数　300 千字　　定　　价　49.80 元

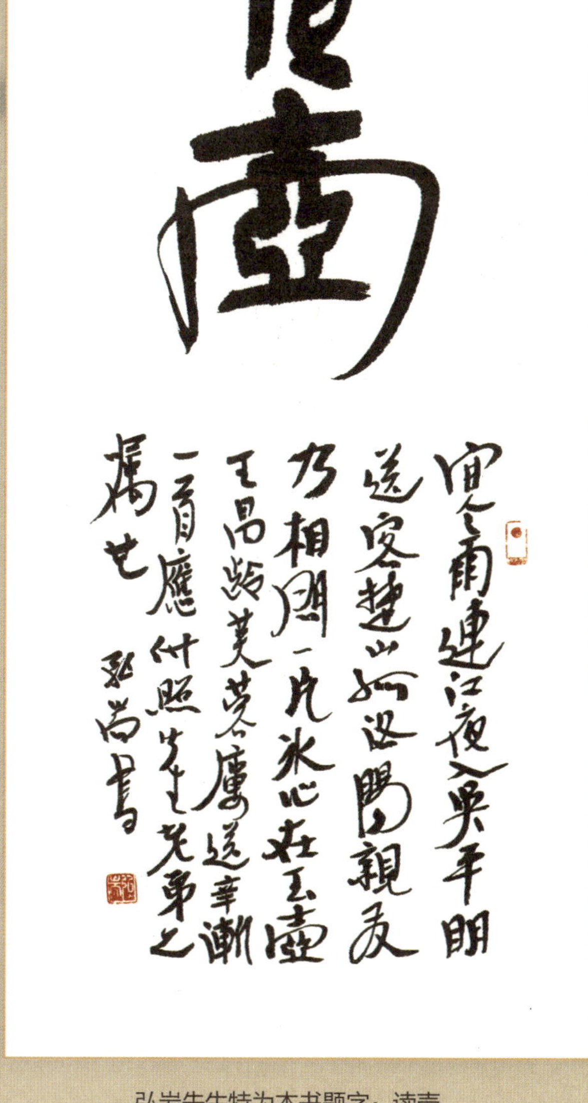

弘嵩先生特为本书题字：读壶

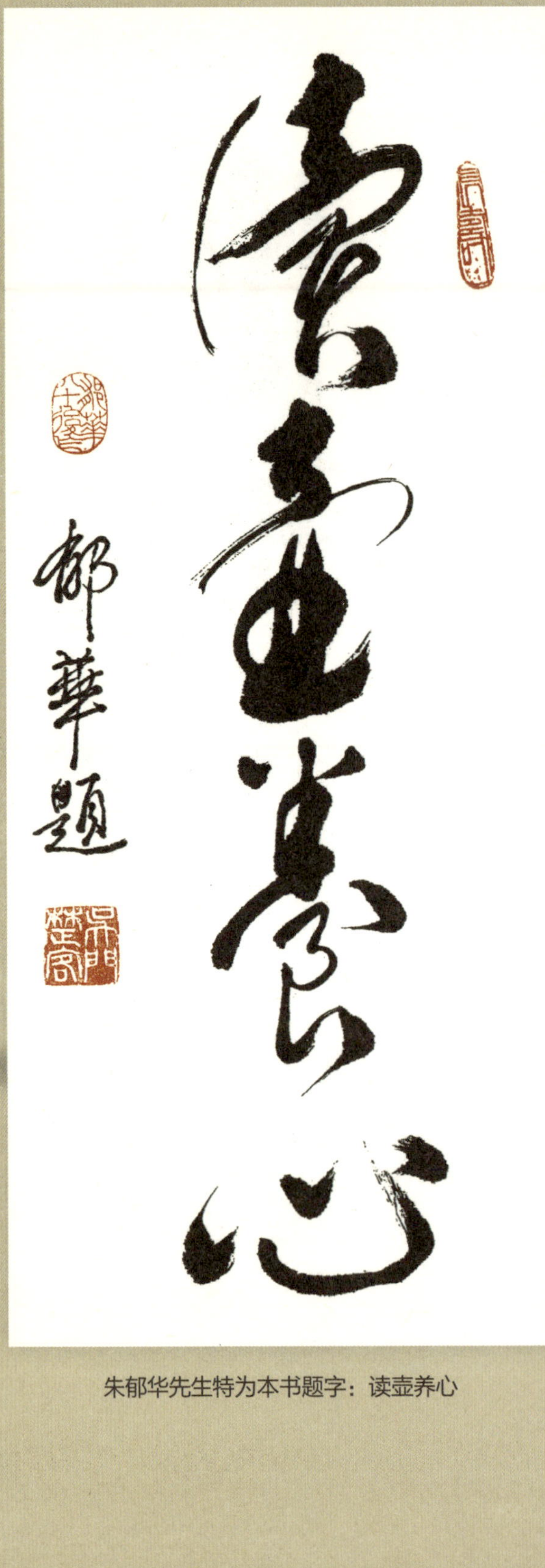

朱郁华先生特为本书题字：读壶养心

序

世界陶都——宜兴是一个具有七千多年制陶史的风水宝地。其山中多出产紫砂矿土，以其矿练制成土，品质优良，抟土制壶，未能有出其右者。若从明代正德年间起，宜兴的紫砂壶艺术也不过五百年，然而壶为之用，经由煮水、泡茶、把玩、审美，由平常百姓日用陶器不断衍化为文人书画金石之载体，且饮且读，我们不敢再小视砂壶。

古朴、含蓄、精巧、文雅的紫砂壶之美学意蕴令人痴迷。清代有一位日本商贾之士，名曰奥玄宝，他癖好紫砂，视壶为人，描述惟妙惟肖，读文读壶，令人心动。其在《茗壶图录》中有这样的记载："温润如君子者有之，豪迈如丈夫者有之，风流如词客、丽娴如佳人、葆光如隐士、潇洒如少年、短小如侏儒、朴讷如仁人、飘逸如仙子、廉洁如高士、脱尘如衲子者有之……"真是见壶如见人也。

吾先爱茶再识壶。初，年轻而自负，心气甚高。遇不能泡茶之壶则难以入目，视而不见。现在想来，不禁哑然。后喝茶涤躁，读壶数年，悟得四字"朴讷有容"。是由读器思人，应当宽厚仁慈为善。成拙作几辑，是为脱落身心也。今再读壶，便多了一份闲情与"过眼即是拥有"之心态。

"宜兴紫砂陶传统手工技艺"在2006年被认定为国家级非物质文化遗产项目。在崇尚技术的工业时代，传统手工技艺是无法替代的，其中有一个重要原因就是人们对自然的敬畏与尊重。一团泥制成何种器物，它有很多方向，取决于它成器的关键是设计制作者的态度和修为——要有敬天爱人之心。顾景舟先生在晚年曾云："我有不会讲话的东西在这里替我讲话，就是茶壶。"一件砂壶，若无外力施加，可能一万年也不会销毁，但倘若制壶者的作品是毫无用心之作，那就是对环境的不尊重。紫砂矿料经上亿年形成，从原料到成器，是不能以骄傲、霸道、随意之心而为之的。

"好茶不敢多饮"，是制壶大师之随意而言。但细思之，觉乃智慧之语。儿时便记得"由俭入奢易，由奢入俭难"之古训。每每品味到好茶，便心生警觉，莫要沉迷于有滋有味的茶香汤味中也。

吃茶，读壶，是为修心。每一把壶都是一面镜子，观壶、读壶，都能看到我们的心。倘因此而生傲慢心、贪婪心、欺人心、痴迷心，实为有错也。那何以把握？唯修平常心为是。明代周高起云："几案有一具，生人闲远之思。"如今，人们喜欢茶与紫砂，是因为喧闹复杂的世界里的人们渴望一个能让人心灵清净之所，有一个超越感官滋味之外的精神上的体验，能够有一个空间可以净化一下自己。人们希望徜徉在茶韵时光与壶艺之美中，心灵得以净化，复归于朴。

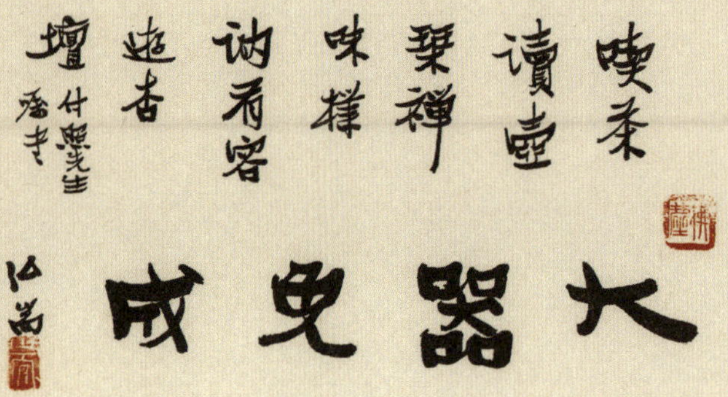

癸亥年偶得陆普东先生读壶歌，反复吟诵，得壶雅趣。甲申年初试作读壶小诗杂文，只言片语，未曾想，有学子一读，觉有新意，鼓励老师继续品读。然因攻读学位功课并教学科研工作，难得闲适，故未有佳思。庚寅深秋，承蒙供职于匡时拍卖的学生毅豪君相约，读壶数尊，观壶图、心思悟，时日颇紧，草草读壶，词寡语拙，难得壶味，心生愧意。再，又因多年研习茶与壶之文化，蒙江南大学 MBA 教育中心领导重视，得以开设中华茶文化讲座课程，为备课有深度，茶艺教演有韵致，日日生活中便刻意为之：品茶求真味，技艺重双修。便觉读壶是为雅趣，既是备课，又能陶冶性情。每每有所感悟，便记录之，遂成小品一辑，亦算是书房静修与游走四方的生活记录吧。

我以我心读砂壶，不免带有个人浅显陋见，甚至还可能有曲解制壶艺人设计思想之处。书中读壶之先后仅是按照个人感觉随性排列，未能据壶界历史、职称、学衔等，望壶界艺师们多多包涵。

识壶难，得一佳壶亦难。吾深知一壶之中的学问深邃，即使穷极一生亦弗能弄懂参透。此辑是为爱壶研壶之路上的学习心得，难免浅薄疏漏之处，还望方家批评指教。面对砂壶，吾赞同壶友"过眼即是拥有"之心态。唯愿有缘之士能遇壶而结缘，此辑以求为爱茶爱壶之友带来片刻清凉意，共同以茶与壶为助悟之物，修养性灵，以达真善美之境。

是吾心愿，茶人壶友共勉之。

作　者

庚寅年孟秋于无锡运河畔朴玄堂书斋

目　录

阳羡问壶

读壶游美

读壶琐语

参考文献

后记

陽羡陶壶

YANG XIAN WEN HU

江南水乡，太湖之滨，茶陶仙都，紫玉生辉。『人间珠玉安足取，岂如阳羡溪头一丸土！』江苏宜兴，千年陶都，这座具有七千年历史的陶都里，『五朵金花，陶瓷奇葩』，一代代的陶都手工艺人，令这座美丽的城市世界有名：『世界只有一把壶，她的名字叫宜兴！』

黄龙山上的五色土，令世代居住在这一片神奇热土上的人们追求富贵，创造文化。茶与壶，给陶都人带来了好运。而注重传统，锐意创新的当代宜兴人，则把宜兴城建设得越来越有魅力！就让我们以一颗爱茶之心，去探寻宜兴紫砂之美吧。

宜兴紫砂之源雕塑

紫砂艺术

——宜兴陶瓷艺术文化的一朵奇葩

宜兴位于我国北纬 31°07′ ~ 31°37′，东经 119°31′ ~ 120°03′，四季分明，气候温和，雨量充沛，年平均气温 15.5℃。宜兴地处长江三角洲，位于苏浙皖三省交界处和沪宁杭三大城市的几何中心，是宁杭城市带上关键一环和环太湖经济文化带上的重要组成部分。江苏省三级 I 类新兴中心城市、重要的工业旅游城市和苏浙皖三省接壤地区的商贸服务中心。近年来先后被授予中国优秀旅游城市、国家园林城市、国家卫生城市、国家环保模范城市等荣誉称号。

美丽的江南太湖之滨的“世界陶都”——中国历史文化名城宜兴，其资源十分丰富。人们赞誉她为：“陶的世界，竹的海洋，茶的绿洲，洞的天地”。紫砂壶的出现是宜兴陶瓷艺术与江南茶文化发展的必然结果。经考古调查证明，陶都的先民在新石器时代，就发明了陶器。宜兴境内丁蜀镇画溪河沿岸的多处古窑遗址和骆驼墩遗址的考古发掘，出土了大量具有重要价值的古陶器皿。尤其骆驼墩遗址的发现，填补了环太湖西部史前考古文化的空白，把宜兴的制陶历史前推至新石器中期，距今已有 7000 余年。

“世界只有一把紫砂壶，她的名字叫宜兴”，这是矗立在宜兴城里的宣传

宜兴旅游
——陶的世界，竹的海洋，茶的绿洲，洞的天地

标语。宜兴有着7000多年的制陶史，进入近代，宜兴精陶、彩陶、均陶、青瓷、紫砂被誉为“五朵金花”，在世界陶瓷文化中独树一帜。尤其是创始于北宋、成熟于明清、鼎盛于当代的紫砂陶及其紫砂壶艺术，在数百年的薪火相传中，紫砂壶艺“冠绝一世，独步千秋”，成为中国陶瓷文化中独具个性的瑰宝。2006年10月，国际陶瓷艺术学会授予宜兴市“世界制壶中心”和“茶壶之都”的称号，标志着宜兴紫砂艺术已经从“地方名片”晋升为“国家地理文化名片”。

一、“五朵金花”到文化成就

陶都宜兴陶瓷文化历史悠久。早在商周时期，已有精美的几何印纹硬陶和原始青瓷。秦汉时期，陶窑业发达，又出现了釉陶的烧制。魏晋南北朝时期，丁蜀镇附近的均山已成为中国南方早期青瓷的重要产区。宋代，宜兴的日用陶器生产形成了以丁山、蜀山、汤度为中心的产区，奠定了陶都宜兴发展的基础。考古文献表明，紫砂陶器在宋元时期还处于初创阶段。

明代中期以后，宜兴成为陶器生产的集散地，日用陶、均釉陶、紫砂陶品种丰富，独具魅力，闻名全国。清代时期，紫砂陶器制作技艺精湛，尤其在造型与装饰艺术方面多有创新，紫砂陶作品上综合运用诗词、书法、绘画、篆刻等艺术手法，成为世界陶苑中独具个性的紫砂陶艺术品。诸多名家名作、陶艺珍品或被选入宫廷，或被销往海外而传为名器。

经过清末民初的战乱，新中国成立之后，宜兴的陶业振兴。如今，宜兴的紫砂陶与茶文化随着我国经济的发展而壮大。“紫砂陶手工技艺”在2006年被列为我国的第一批非物质文化遗产，现正申报世界文化遗产。作为“中国茶乡”的宜兴城的阳羡茶，以其优质的茶叶品质和多个品种，受到了茶人壶友们的青睐。勤劳聪慧的宜兴人运用独特的紫砂矿土资源，成就了多姿多彩的紫砂壶艺术。

宜兴是中国最早的青瓷产地之一。青瓷具有“厚釉失透”的特点，故传统青瓷器以釉为重。唐代诗人徐夤称赞青瓷有“古镜破苔”、“嫩荷涵露”之语。现代宜兴的青瓷器在继续保持其厚釉失透的传统工艺特色外，又改用工业氧化铁为着色剂，使呈色稳定，釉色较为一致，达到了“青中泛蓝”的效果。大批青瓷产品曾出口美国和西欧，被誉为“东方的绿宝石”。

宜兴的艺术彩陶装饰独具特色，具有浓郁的江南地域文化色彩。它是在古代彩陶文化的影响和宜兴传统釉陶的基础上逐步形成的。早期的装饰手法直到明代才形成均釉、刻花、堆花等独特的装饰工艺。直到20世纪70年代，彩陶装饰形成了较为成熟的多种创作手法，初步达到了“粗陶细作”的要求。近年来，彩陶的装饰以现代审美取向为依据，彰显个性，实现了彩陶釉色有光向无光的转变，单一传统形式向丰富多样形式的转变，制作由粗糙向精致的转变，设计主动求变。如今的宜兴彩陶作品力求形神兼备，在继承传统的基础上，融入当代艺术思想，追求返璞归真的艺术情趣，突出了手工制作的特点，充分体现了材质美、工艺美，有一种耐人寻味的回归自然之感。

如今的宜兴，她以古朴典雅的紫砂陶、高雅晶莹的青瓷、浑厚端庄的均陶、明艳鲜丽的彩陶、五彩缤纷的精陶，富丽堂皇的建筑园林陶、品种繁多的工业卫生陶等彰显出陶都的独特魅力。其中，紫砂陶、均陶、精陶、美彩和青瓷陶以其鲜明的艺术个性而被誉为陶都的“五朵金花”而名扬天下。

二、江南习俗与器物文明

产生于中国民间的民俗文化，与传统的耕作特点和社会生活习性有关，具有

位于宜兴丁蜀镇的范蠡与西施雕塑像 >

顾景舟制—小圆壶（朱泥）

顾治培制—促织供春泥壶(段泥)

吕尧臣制—紫玉金砂壶（紫泥）

不同泥料的紫砂壶色彩不同

不断升华的美学理念，宜兴紫砂陶器的产生和发展与这样一种文化模式有着极深的渊源关系。如，在人物传说中，就有在春秋战国时期偕西施越太湖而来的范蠡，人们供奉他为“陶朱公”。——陶朱公的身份本身就意味深长，他既是大文化人，又是大商人。相传他住过的地方，至今仍保留着蠡墅的古地名。人们在烧窑前，多祭祀陶朱公，以祈求神人的帮助，烧得一窑美佳器。制壶艺人在不断总结造壶技艺中，以谚语表述技艺的特点，便于心传口授，做得美器：“壶把随着壶身走，壶嘴顺着把末出”，这句谚语就很形象地说明了制作一把壶需要注重壶的各部位之间关系的和谐处理。

紫砂陶中最接近于人们生活的，应是作为茶具的紫砂壶，不仅是因它兼具了实用与陈设的双重功能，还是因为在紫砂壶上装饰的各类吉祥物（如多姿多彩的壶纽造型装饰）、镌刻于壶体上的各种吉祥壶铭，具有浓郁的民俗文化气息，深受人民群众的喜爱。

宜兴陶瓷风俗，内容丰富，涵盖面广，蕴涵深厚，特色鲜明，是宜兴陶瓷文化的集中表现，又构成自成体系的宜兴陶瓷习俗文化。

宜兴陶瓷门类中，最为典型的当属紫砂陶，并以紫砂壶为其主要代表。用来泡茶的紫砂壶出现在明代，是陶瓷制品中的晚出者。但它以独特的宜茶性及材质的高可塑性，很快成为艺人、文人青睐的艺术创作载体。尤其是明代江南地区兴起的瀹饮法饮茶，在吟诗、诵读、清谈之外，视线自然关照在盈握于手的一柄小小的茶壶上。

宜兴紫砂陶种类较多，主要以紫砂壶为主，这与紫砂材质的宜茶性和人们对生活器具的使用要求有关。紫砂壶是以紫砂矿土为原料，从矿土到成品紫砂壶要经过一系列工艺过程方能成器。矿土开采后，要经过选料、陈腐、练泥、制坯、成型、书画雕刻装饰、入窑烧制、开窑等工序后，烧成良好的紫砂壶还要经过清洗去除壶内的泥渣等，进入流通领域，等待茶友的养护、泡茶使用。

紫砂壶从宋代初创，至明代中期才盛行。宜兴紫砂壶泥料产地局限在丁蜀镇黄龙山一带。紫砂泥料可塑性好，含铁量高，烧成温度高于 1000℃，低于 1300℃，烧成工艺比瓷器较容易掌握。与瓷器相比，紫砂壶是晚出者，人们对工艺的掌握、陶土的便利、燃料的易得（宜兴山中多茅草、松、竹等草木），这给紫砂壶的广泛制作带来了可能性。紫砂壶兼有实用和陈设审美的功能，紫砂壶事的发展，人们把江南文化的元素、生活中的吉祥如意、平安健康、富贵多福等民俗文化逐步地通过紫砂壶表达了出来，深受人民群众的喜爱。

紫泥原矿（黄龙山）

练制好的紫泥（熟泥）

段泥原矿（黄龙山）

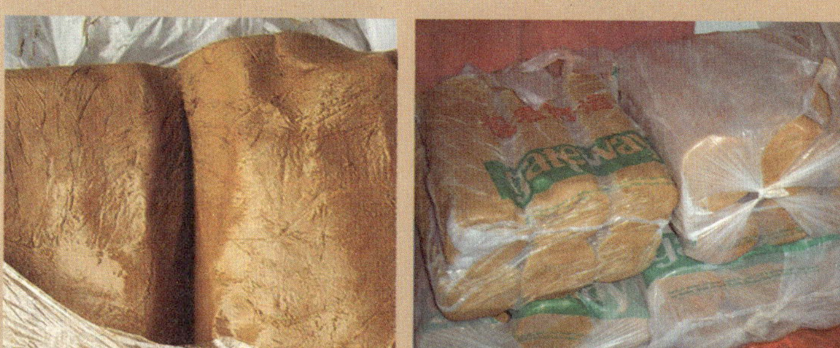
练制好的红泥（熟泥）

练制好的段泥（熟泥）

红泥原矿（黄龙山）

用石磨粉碎后的红泥原矿（黄龙山）

宜兴紫砂原矿及练制好的熟泥

用于制作紫砂壶的原料，主要包括紫泥、本山绿泥及红泥三种，统称为紫砂泥。它可塑性强、可单独成陶、干燥收缩率小、成器胎体壁呈双气孔结构，具有透气性，宜茶性好、以茶养护可得温润如玉之质感。这些材质上的优点，一方面能使艺术家较容易利用材质塑造各种造型、完成如刻画、绞泥、镶嵌、印纹等多种装饰技法，充分表达了艺术家的艺术思想；另一方面，材质的宜茶性，使得在名茶之乡的宜兴，天然地选择了紫砂壶，成为泡茶之器中的佼佼者。当然，宜兴江南文化的丰富，聪慧的制陶者、使用者，尤其是文人雅士，赋予了紫砂壶以更加丰富的文化性，宜于把玩，耐人品味。

随着科技的进步，紫砂壶的烧造工艺也在不断地变化，从龙窑、倒焰窑、隧道窑、推板窑、电窑等不断演进。目前，宜兴紫砂工艺厂烧造紫砂壶的窑型，主要是电窑和煤气窑，燃料以电能、煤气为主，采用各种测温仪表，可随时监视调控烧成温度和火焰，生产周期短，成品质量高。

紫砂壶在工艺的发展变革中，独具特色的当属手工制壶的技艺。尤其是用泥条拍打的“打身筒成型法”、泥片镶接成型的“镶身筒法”等以手工成型

明代宜兴前墅古龙窑

倒焰窑

隧道窑

电窑

紫砂窑分类概况

制壶工艺是世界制壶工艺中独一无二的。宜兴紫砂陶制作技艺的独特性以及宜兴紫砂陶文化的历史文化内涵及成就，“宜兴紫砂陶制作技艺”2006年被认定为我国的“第一批国家非物质文化遗产”，受到国家的重视和保护。

以家族及师徒传承为核心的“工作室”是现代紫砂陶艺作坊形式的一个特点。宜兴紫砂作坊的兴盛，始于20世纪90年代初。当时，中国工艺美术大师吕尧臣先生的“醉陶居”在丁蜀镇的公园路上率先开办起来，成为当时有别于陶瓷工厂的私家作坊。现在制壶艺人们多有自己的工作室，有的已经成为紫砂文化教育与旅游文化完美结合的景点。如徐秀棠先生的“长乐弘陶庄”规模宏大，是具有接待旅游团队能力的弘扬紫砂文化基地。现代诸多的紫砂制陶艺人们，不仅自己多成立有工作室，还破除旧时的门户之见，广收徒弟，办个人艺术馆等，或者集茶文化、书画艺术、经营销售于一体，大大扩展了传统作坊文化的内涵。除著名的“紫砂村”外，在丁蜀镇毗邻太湖的双桥村、尹家村等村庄也呈现出一派“家家捶泥，户户业陶”之景象，一户户“紫砂人家”传承着紫砂传统手工技艺。

这种作坊式的传承手工艺文化的功能，不仅有利于紫砂手工艺文化的延续，也是一种合理的、全方位的民间艺术教育形式。“与现代教育方式相比，不管传统的民间艺术传承方式如何封闭落后，但仍具有一定的合理性。传统的民间艺术传授不是科班式的速成教育，而是一种耳濡目染的综合素质教育，感性因素贯穿始终。在教授传承的过程中，不仅要靠心领神会的感悟，而且除了技与艺的传授，与技艺相关的待人接物、信仰禁忌、情感伦理等都需要全方位的学习。例如，行为规矩、为人处世、祖师崇拜、仪式禁忌、师徒情感、吉凶祸福、善待工具、信仰传说等，都是技艺以外的综合传授，因而，‘一日为师，终生为父’的古训是现代教育方式中不易体会的，它体现了传统技艺传授中伦理性的一面。”① 如今传统作坊文化中的“规矩”已经发生了诸多变化，这需要有识之士来共同研究以推动作坊文化在开放的时代发挥更大的文化传承与创新的作用。

随着我国经济的发展，以生产经营紫砂陶制品的现代企业在宜兴兴盛起来，如以多种形式经营方式发展的企业、商贸集团公司、商户、传媒等蓬勃发展。在品牌制胜的时代，企业化经营能否造就紫砂行业中的名牌，能否造就基业常青的紫砂企业，也是当下紫砂文化能否远播、延续的一个新时代的课题。

---

① 唐家路．民间艺术的文化生态论[M]．清华大学出版社，2006年5月第1版，第225页．

三、各领风骚的名人文化

以紫砂壶和阳羡茶闻名于世的千年历史文化名城宜兴，人杰地灵，是著名的“教授之乡”、“院士之乡”和“书画之乡”。在这片沃土上，诞生了4位状元，10位宰相，385名进士，25位两院院士，5位书画大师，10多位将军，8000余名教授，100多名全国重点本科大学的校长。徐悲鸿、蒋南翔、虞兆中、周培源、潘汉年、吴冠中、沙祖康等名家大师从这里走向世界。这里孕育了无数身怀绝艺的能工巧匠，涌现了众多的陶瓷名人，形成了宜兴陶业的名人文化。

紫砂壶的制作是宜兴陶业兴盛发展过程的一个必然产物。制壶名手名家的出现，是宜兴代代制陶智慧薪火相传的结果。现存紫砂壶文化方面的第一本专著——明代周高起所撰《阳羡茗壶系》中记载了“富贵土”的传说。传说是一位“始陶异僧”指点了黄龙山上的“五色土”，宜兴的子民们以抟土制陶为业，过上了富庶的生活。

从现存的文献典籍记载来看，第一个制作紫砂壶的人具体是谁，难考确切。明代周高起《阳羡茗壶系》在其“创始”一节中有：“金沙寺僧，久而逾其名矣。闻之陶家云：僧闲静有致，习与陶缸瓮者处，抟其细土，加以澄练，捏筑为胎，规而圆之，刳使中空，踵傅口柄盖的，附陶穴烧成，人遂传用。”说明金沙寺僧是用细缸土制造茶壶的第一人。在其文“正始”中，则认为供春是紫砂工艺史上第一位被记下名字的名手。他又名龚春，是吴颐山的家僮，“颐山读书金沙寺中，供春于给役之暇，窃仿老僧心匠，亦淘细土抟胚，茶匙穴中，指掠内外，指螺文隐起可按。胎必累按，故腹半尚现节腠，视以辨真。今传世者栗色闇闇，如古金铁，敦庞周正，允称神明垂则矣。”但供春身世如何，紫砂界仍未有定论，也有学者提出供春为假托，历史上没有此人的看法。而金沙寺僧，也无从知晓其姓甚名谁。

徐秀棠制—始陶异僧雕塑

徐秀棠制—供春学艺雕塑

供春款—树瘿壶

供春学艺及其供春款树瘿壶

现在中国国家博物馆藏有一“供春树瘿壶”，传是供春所作，但是否为明代真迹，业界多存疑未定。

继供春之后，在明代万历年间有董翰、赵梁、袁锡和时朋制壶高手四家。四家之中，以董翰的壶艺“工巧”，其他三家多“古拙”。后来时朋的儿子时大彬成为继供春之后知名度和影响力较大的一位制壶宗师，后人称其作品“千奇万状信手出”、“宫中艳说大彬壶”、“明代良陶让一时”等。时大彬的弟子众多，有李仲芳、徐友泉、欧正春、邵文金、邵文银、蒋伯荂、陈光甫等人。当时紫砂界曾流行说“壶家妙手称三大”之说，指的就是时大彬、李仲芳（大仲）和徐大友（友泉）。

清代紫砂制壶又有发展，清初的陈鸣远、邵大亨、惠孟臣、蒋时英，嘉庆年间的杨彭年和陈曼生，光绪年间的黄玉麟，都有优秀的作品传世。民国时期的程寿珍、俞国良、李宝珍、范鼎甫、范大生、陈光明、冯桂林、汪宝根等，壶艺作品精美而多有创新。现当代，任淦庭、裴石民、吴云根、王寅春、朱可心、顾景舟、蒋蓉、徐汉棠、徐秀棠、汪寅仙、吕尧臣、谭泉海、李昌鸿、鲍志强、顾绍培、周桂珍等名家的壶艺作品，使紫砂壶艺达到了高度的艺术化，泡茶香郁而又耐品读，茶人壶友以美器沏茶，吃茶读壶，静心怡性，养壶养性，臻于大美之境。

在非紫砂器方面，明代欧子明，清代葛明祥，后来的杨耀生、鲍三元等，则是均陶和堆花名家。

吴山先生在《江苏陶艺》[①] 一文中指出："紫砂的文化内涵，主要表现在造型、泥色、铭款、书法、绘画、雕塑和篆刻等方面。紫砂名师能融诸艺于一体，使之协调和谐，神形兼备。紫砂的最大艺术特点，是素质、素形、素色、素饰，质朴无华，纯净天然，高雅脱俗。紫砂有一特殊现象：自明迄今，有300多位文人参与设计、书铭、绘画、题诗和刻章。著名的有明代的陈继儒、董其昌，清代的陈曼生、吴大澂，当代的冯其庸、唐云、亚明和韩美林等。这对紫砂文化内涵的扩展、深化和品位的提高，起了极重要的推进作用，这种事例，在其他工艺领域是从未有过的。"文人参与壶事，以紫砂壶作为关照的对象，主要是作为反映文人士大夫"格物穷理"理想的凭借物。这是一种自觉的行为，但相对于紫砂壶研究来说，却又是不自觉的行为。文人仅仅是把紫砂壶作为反映文化大趋向的一种凭借物，并不是把紫砂壶作为一个专门的事物来研究，因而对于紫砂壶文化的系统研究来说，其自觉性是远远不够的。近代以来，随着西方社会科学的全面引入，紫砂文化的研究进入多角度、多层次。从科学技术、历史考古、文化艺术等多个角度的研究渐成风气，这也是当代紫砂文化发展的多种表现。

四、商贸作用与文化普及

紫砂壶的生产、发展、兴盛与商业贸易密切相关。从明代万历至清末，紫砂壶在国内盛行了300多年，在明末，紫砂壶最先被葡萄牙商人带到欧洲，外国人称其为"红色瓷器"。紫砂壶能渐成产业，受多种因素的影响，如明代手工业劳动力的解放，千年陶都世代相传陶瓷制作技艺的沿袭，特别是景德镇瓷器工业发展的影响，文人士大夫饮茶风尚的盛行，再加上紫砂壶产地宜兴的便利交通，共同促成了紫砂壶业的诞生与不断发展。

在明代万历年间，宜兴陶业以手工工场和作坊的方式进行生产，明代中期起，出现了独立的专业制陶，至清代，宜兴已经成为全国日用陶重点产区之一。其窑场的产品已是"鬻于四方利最溥，不胫而走天下半"，各地商贾云集，"商贾贸易廛市，山村宛然都会"，一派商贸繁荣之象。尤其是在清代光绪初年，宜兴陶业按产品质地分为粗货业（缸类产品）、溪货业（坛、瓮）、黑货业（盆钵产品）、黄货业（白泥砂锅罐类产品）、砂货业（罐类、油壶、大茶瓶、油灯台、

---

① 江苏省经济贸易委员会：中国江苏工艺美术大师精品集[M].江苏省人民出版社，2009.

鸭舌盆、泥料配方和釉色不同于黑货者）、青泥业（紫砂业）六大类行业，后来，又有洋装货业（指洋瓦、地砖等非宜兴传统陶瓷制品），且各有行会行规。要烧窑就必须入行，必须缴纳较高的入行费。行会内部实行统一的议价并强制执行。对紫砂壶的出品，其款式必须以姓名为记，不用商标，技术上实行严格保密，有"传子不传女"之说。

鸦片战争失败以后，宜兴的紫砂业依然停留在保守的方式下生产，紫砂艺人分散度高，壶事生产仍是艺人独自选料制坯，委托窑户烧造，或由窑户收购烧成后供给市场。窑户多是地主兼工商业者，他们在农忙时临时雇工从事农业生产，农闲时又临时雇工从事窑业生产。大部分紫砂制陶艺人也多是亦农亦陶。清朝政府的闭关锁国政策失败之后，到中国来搜罗文物和新工艺品的西方古董商贩日益增多。紫砂壶也是搜寻的目标。明清流传下来的旧器"区区藏弃，不足以供无尽之取求"，于是仿造旧器之风兴起，同时为迎合外国商人的审美需求，壶式多有创新，风格华丽，迎合西方趣味。

另外，在国内市场上，原有的需求及壶式风格并没有受到洋货的影响，宜兴的窑户在宜兴之外的上海、江苏、浙江、天津、山东、安徽、福建、江西、湖南、湖北、河北等地开设的如"鲍生泰"、"利用"、"葛德和"、"诚泰"、"同泰"、"福泰"、"陈义隆"、"元隆盛"、"张万清"、"永大昌"、"信泰"、"鲍金泰"、"豫丰"、"和盛"等陶瓷器商店，生意兴隆。

在产品的销售方面，19 世纪末，宜兴陶业的迅速发展，还出现了"牙行"（窑货行），主要以包销、代销、掮客等形式促成贸易。主要内销形式有四种：宜兴当地开设窑货行、外埠开设窑货行、中转销售（通过与无锡江尖嘴蒋仁茂、蒋义茂兄弟俩开设的陶器行进行中转销售）、直接销售给来自各地的陶瓷商贩。这些外地的商贩，有的几代延续在宜兴，备有船只，通过船运的方式，直接从窑场购买陶瓷制品，通过水路流通到全国各地。江南宜兴，水路发达，宜兴陶瓷向来用肩挑、手提和船运三种方式对外交易和传播。如今宜兴通往外埠的陆路交通发达，高速公路、铁路成了运输陶瓷制品的主要方式。

当代宜兴紫砂壶艺的繁荣，不能忽视商贸的贡献。香港富商罗桂祥先生的订制、20 世纪 80 年代台湾壶商的采购、东南亚地区壶友的青睐等，这些紫砂陶商贸活动的繁荣激发了宜兴紫砂陶市场的繁盛发展，解放初紫砂陶从业者不过几十人，如今围绕茶壶事业所提供的岗位已达 20 万人以上了。

当代的紫砂商贸形式，已经和世界上大多数工艺美术品、艺术品一样融入了全球商品流通市场。在当下市场经济条件下，紫砂陶产业采用多种商贸形式进行交易。针对艺术品和明清时期等古董，多采用拍卖方式或面对面交易的方式；细货及普通紫砂壶商品多采用传统商店、网络营销及电子商务交易、直接到艺人作坊购买等方式，紫砂壶商贸交易在当代呈现多元化的商贸形式，且随着我国市场经济的不断发展而发展。

五、彰显个性的款识文化

紫砂壶的款识与其他陶瓷制品的款识相比，具有独特性。这也是赏壶者会特别赏鉴壶底、壶盖内的款识的原因。紫砂陶上刻署名款，在陶瓷制品中是独具个性特色的，尤其是茗壶、案头摆件、文房用具、果蔬清玩，都有制作者的署名，倘若没有款识，反而被视为意外，令人对器物存疑。奥玄宝《茗壶图录·款识》：“或以堂亭斋馆诸号，或印或否，书体不一，大抵用真行草，间有用篆隶者，印文有朱白肥瘦诸体，其镌印所在，或腹、或底、或流下、或鋬下、或盖背、或盖之外口，无一定位置，各随作家心匠而为之耳。”[①] 紫砂款识是指用鈐印钤盖或用刀（竹）镌在紫砂陶器的身筒、底部、盖内、壶鋬等处的制作者或定制者、监制者的印记[②]。这些印记，或是文字、或是符号、或是图案，便于砂壶使用者、赏鉴者识别。

历代制壶名手艺师对紫砂所印钤印的款识十分讲究。因为，作为一件艺术作品，制成一件紫砂壶所涉及的泥料、造型、装饰、烧成等每一个步骤，每一个环节都十分讲究细节，讲究追求极致。小小的款识在壶上占有的面积很小，但它能从一个层面上反映了作者的美学艺术修养水平。

紫砂壶盖内亦钤有印章（高振宇制唐风壶壶盖）

紫砂壶上的款识大致经历了由毛笔题写、竹刀刻划到用印章钤印的工艺演变过程。从当下存世的古代紫砂

① 中国陶瓷名著汇编 [M]. 中国书店出版，1991 年 5 月第 1 版，第 214 页 .

② 徐秀棠，山谷 . 紫砂入门十讲 [M]. 上海古籍出版社，2006 年 7 月第 1 版，第 123 页 .

名壶看，有款识的壶最早是在明代万历年间的时大彬所制的“时壶”。“供春壶”是没有款识的，钤有“供春”二字的壶，都是历代紫砂艺人所仿制的。明代四名家董翰、赵梁、袁锡、时朋目前尚未见实物。李茂林史载以原书号记自己的作品。

紫砂茗壶用印多为两方，一为底印，盖在壶底，多为四方形姓名章；一为盖印，用于盖内，多为体型小的名号印。也有用三方的，即是除上述两方外，在壶的把脚下也多用印为姓氏章，称为“脚印”。当代的紫砂款识，更是花样繁多，表现力丰富。以指纹印、壶内、盖内、壶底、壶体内壁、壶底内部等多个部位篆刻文字、盖内气孔处加盖印章等多种方式，即是防伪，又是装饰，体现了当今的时代特点。虽当下技术发达，但从文化意义上看，壶上所撰壶铭难以超越清时壶艺，能作为时代意义上的经典作品鲜见也。

六、系统建设的制度文化

宜兴陶瓷文化具有数千年的历史。在这漫长的历史时期，逐渐形成了宜兴的陶瓷制度文化。这些制度，有的是自发形成的、约定形成的，有的是行会制定的。这些制度涉及了宜兴陶瓷生产、交易、消费等各个领域，也涉及宜兴陶瓷艺人的精神生活和日常生活，既有生产制度、管理制度、营销制度、人才制度，也有商业伦理制度。这些制度，对紫砂陶的生产和发展产生了独特而深刻的作用，是宜兴陶瓷文化中的宝贵财富。

近年来，宜兴市委市政府针对紫砂矿土保护及其紫砂业健康发展也相继出台了一些法律法规制度，如 2004 年 2 月 27 日，宜兴市第十四届人民代表大会第二次会议通过《关于加强宜兴紫砂保护和发展议案的决议》；2006 年 10 月 27 日，无锡市第十三届人民代表大会常务委员会第二十六次会议制定，2006 年 11 月 30 日，江苏省第十届人民代表大会常务委员会第二十七次会议批准的《无锡市宜兴紫砂保护条例（草案）》，并于 2007 年 4 月 1 日实施。2009 年执行了国家《紫砂陶器》标准，不断推进紫砂经济及其文化事业的健康发展。

从当下的市场状况来看，发展迅猛的紫砂陶产业也需要从矿土开采练泥到茶壶的系统规范管理，尤其是紫砂壶商品的分级及其标准的制定、个人品牌与紫砂壶品质的统一、知识产权的维护及其依法治理等，在当下越发的迫切和重要，因为这些都是关乎紫砂产业能否可持续发展的重要课题。

七、宜兴陶瓷文献

历朝历代，研究宜兴陶瓷文化的著作、文章以及出土的陶瓷文物等是我们当下研究紫砂文化、构建紫砂文化学科不可不读的文献。从文字文献方面来看，古代流传下来的宜兴陶瓷专著不多，但散见于笔记、小说、地方志中的文献仍亟待当下学人发掘整理。较为经典的如《阳羡茗壶系》(明末周高起著)、《阳羡名陶录》(清乾隆间吴骞编著)、《阳羡砂壶图考》(民国李景康、张虹合著)、《阳羡茗壶赋》(明末清初人吴梅鼎著)、《茗壶图录》(清光绪二年[日]奥玄宝著)等，这些都是研究宜兴陶瓷文化不可不读的文献资料。

从实物文献的角度看，当今的一些著名的博物馆、私人藏品中存有不少的宜兴陶瓷制品，值得研究者赏鉴、研究。藏有紫砂壶的著名博物馆如：中国的故宫博物院、国家博物馆、上海博物馆、南京博物院、宜兴陶瓷博物馆（兼藏有宜兴多种陶瓷文物制品）、中国茶叶博物馆，英国的维多利亚博物馆、艾伯特博物馆、大英博物馆、大不列颠博物馆，新加坡博物馆，比利时皇家博物馆，美国大都会博物馆，澳大利亚艺术馆，香港茶具博物馆，荷兰专题博物馆等。当然，以上的这些博物馆，也有诸多私人收藏家捐献的紫砂壶作品，也体现了作为收藏家的文化情怀。

紫砂陶的素面素心的古朴清新之气，受到了历代文人的珍爱。文人们不仅参与紫砂陶事，还为紫砂陶著书立说。如明末周高起著有《阳羡茗壶系》；清乾隆间吴骞在《阳羡茗壶系》的基础上编写了《阳羡名陶录》(上下两卷)，收录了许多有关宜兴方面的诗词典故，从中可了解明清文人雅士赏壶咏壶的另一个侧面——以壶寄托喜怒哀乐的情怀；另有，清嘉道年间朱坚的《壶史》(已佚)；清代张燕昌的《阳羡陶说》；民国时期的李景康、张虹合编的《阳羡砂壶图考》；明代周容的《宜兴瓷壶记》；明末清初人吴梅鼎的《阳羡茗壶赋》等。明清文人的小品文中也常提及紫砂，著名的有文震亨的《长物志》、李渔（笠翁）的《杂说》、陈贞慧的《秋园杂佩》、张岱的《陶庵梦忆》、徐子晋的《前尘梦影录》等①。

---

① 韩其楼先生在《紫砂壶全书》（华龄出版社，2006年版）中对紫砂文化研究文献有较为详细的分别阐述，详见此书。

如今的时代，宜兴的陶瓷文献的创造呈现了多元化的特点。有影像视频、摄影图片、紫砂音乐文献、文字文献等，宜兴陶瓷文化的传播也以多元化的方式对外传播，把作为地域性的陶瓷文化发展成具有独特个性的世界陶瓷文化，受到了世人的瞩目。另外，陶瓷科技创新也是构成宜兴陶瓷文化的组成部分。

结语

在英国国宝级瓷器品牌威治伍德（Wedgewood）企业里的一个展示柜中，陈列着一对宜兴紫砂壶，展示语："从这里，我们得到了整个产业的灵感。"宜兴的陶瓷文化内涵之丰富，不仅仅是通过一把把的物质状态的砂壶，宜兴的陶瓷文化所反映的内容是"大文化"的内容，那种仅从工艺特色本身角度来看待陶瓷艺术文化的，是无法认识陶瓷艺术文化之本质的。从人、物与环境等整体而论，紫砂文化体现了人们依道造物的器物之道，千百年来，它以不断的创新与传承，充分展现了人类的造物智慧。

太湖之源

紫砂壶艺术设计之美

紫砂壶是出产于江苏省宜兴市的著名陶质茶具。据考古发掘考证，宜兴制陶已具有至少 7000 年的历史。它以悠久的陶瓷文化、丰富的陶瓷制品以及独特的制作技艺享誉世界，世人称宜兴为“世界陶都”。宜兴地区早在汉代即有茶的生产，在唐代便名扬天下被纳为贡茶，其产茶的历史见诸文字的就有 1200 多年，几经兴衰[①]。唐时阳羡紫笋茶、明时岕茶、民国有雀舌茶、当代有阳羡雪芽茶、太湖白茶等最为有名。宜兴地区有好茶，又有清泉，因而陶土茶具演变发展到紫砂壶则是历史发展的必然。紫砂陶壶创始于北宋[②]，兴盛于明清，随着明代的饮茶方式——“撮泡法”的流行而发展。

吕尧臣制—紫玉金砂壶（紫砂壶胎体内掺入黄金粉末，名副其实）

艺术设计是科学技术与艺术结合的产物，科学与艺术的统一是设计的最本质特征。艺术设计是美的设计，艺术设计

① 韩霞辉 . 宜兴县志 [M]. 上海：上海人民出版社，1990 年 5 月第 1 版，第 185 页 .

② 当代学者多有争论，但从紫砂陶来看，宋时紫砂壶多为粗制大壶为煮水、盛水之用，直到明代万历之后才上升为艺术品。

的过程是设计师追求和探索美的过程、表达和物化美的过程。如果说设计艺术家和科学家都同样在追求着美，那么，科学家可以说是在寻求和发现，而艺术设计家则是在寻求和创造[1]。

紫砂壶的艺术设计之美主要包括质地美、造型美、装饰美等几个方面。艺术设计之美，来源于自然和生活，它讲究潜移默化的社会功能，遵循着气韵生动的美学原则创造紫砂壶的美学内涵[2]。质地美是紫砂壶艺术形象的肌肤肉质，是壶艺设计形象的基础；造型美是壶艺术形象的灵魂；装饰美是壶艺形象的英姿丽质；技术美是壶艺形象创新的实现条件，它们在实用工艺美术品的功能约束下，相互融合，综合地展现了紫砂壶之美。

一、由内而外的质地美

紫砂材质所呈现的一种肌理美，通过茶人壶友的观赏、用手触摸、使用，能够具有心灵抚慰的怡悦满足之感。紫砂壶的壶表外观是一种无釉彩的裸胎表层，呈现紫黑、深棕红、梨皮黄等多种色泽和亚光砂粒状粒子效果。细看壶体，泥质里有银砂闪闪的细微颗粒和胎表的大小泥料颗粒，进而现出略有凹凸的表层，具有“梨皮”状特殊肌理效果。

从烧成后的泥色来看，真是五彩缤纷，宛若彩云。早在明末清初人吴梅鼎《阳羡茗壶赋》中就有：“若夫泥色之变，乍阴乍阳，忽葡萄而绀紫，倏橘柚而苍黄。摇嫩绿于新桐，晓滴琅玕之翠；积流黄于葵露，暗飘金粟之香。或黄白堆沙，结哀梨兮可啖；或青坚在骨，涂髹汁兮生光。彼瑰琦之窑变，匪一色之可名。如铁如石，胡玉胡金。备五文于一

不同肌理及色彩的紫砂泥表现例举（局部）

① 李砚祖．造物之美——产品设计的艺术与文化 [M]. 北京：中国人民大学出版社，2000 年 2 月第 1 版，第 340–341 页．

② 胡付照．紫砂壶养壶文化研究 [J]. 中国茶叶，2010 年第 4 期，第 34–37 页．

器，具百美于三停。远而望之，黝若钟鼎陈明廷；追而察之，灿若琬琰浮精英。岂隋珠之与赵璧，可比异而称珍者哉！”①

紫砂材质所呈现的色彩美，能使人产生对色彩感觉特定的心理，达到沉静之佳境。历代紫砂艺人的实践表明，通过运用紫砂三大天然泥料（紫红色紫泥，朱砂色红泥，米黄色本山绿泥），添加少量氧化金属着色剂和陶瓷色料，控制适宜的窑火温度，就能创造出丰富多彩的紫砂壶的色彩。通过诸如绞泥技法的运用，使得多种紫砂泥料又呈现出富有想象力的纹理之美。对紫砂壶的色彩要求是以紫砂本质的“质朴、内敛、古雅”色质基调为准则，能够体现出一种色彩的静态之美，尤其是与明式家具的环境相协和，融为一体，与茶道精神契和一致，这是紫砂壶艺质地之美的魅力体现。在紫砂壶的肌理触觉美、视觉含蓄美、茶汤滋味美（嗅觉和味觉体验）的综合作用下，紫砂壶的使用者通过感官充分的体验了茶具的质地美，同时从生理和心理上得到了最大的审美体验。

作为中国陶瓷艺术中富有个性的紫砂壶艺，它体现了中国陶瓷是追求“人工的完美”，尤其是追求“玉一般的效果”。在爱茶爱壶人的眼中，好壶难求，以茶汤养壶，品茶之余以手把玩茗壶如同“盘”玉，怡情雅趣，养壶即是养心。“紫玉金砂”的赞誉，也正是人们把紫砂陶的质地美比德于玉的艺术精神的写照。把一块土坯转化成玉的艺术理想始终激励着制壶师去探索制壶的技术与艺术的统一。

二、方圆多相的造型美

好的工艺美术品，总是和它具体存在的美的“样子”分不开的，而这个样子，作为紫砂壶来说，应该集中表现在它的造型上。紫砂茗壶造型千姿百态，气象万千，历来就有“方匪一名，圆不一相，文岂传形，

吕尧臣，吕俊杰制—阴阳太极壶
（此为一套壶，太极之阴阳鱼各为一把茶壶，壶纽为男性、女性人体造型）

① 高英姿注．紫砂名陶典籍[M]. 杭州：浙江摄影出版社，2000年7月第1版，第253–254页．

赋难为状”[①]之誉，“方圆”变化之奥妙，全在这一把茶壶之中了。纵观古今紫砂茗壶之造型变化，基本器型为“方器”与“圆器”，这与中国哲学思想中的“方圆之道”甚是相合，以壶喻人，则需“外圆内方”，饮茶带给人以清明之思，以正气，得方壶之神气；把玩摩挲圆形之器，又使人感悟圆融的处世之度，“方刚”、“圆柔”，把握其度方得其道也。

一个紫砂壶的造型有它的特有气度，造型作品的气度，是作者个性、风格和气质的体现。日本的奥兰田[②]曾把自己珍藏的紫砂壶，以拟人化的方式突出造型气度：“温润如君子者有之，豪迈如丈夫者有之，风流如词客、丽娴如佳人、葆光如隐士、潇洒如少年、短小如侏儒、朴讷如仁人、飘逸如仙子、廉洁如高士、脱尘如衲子者有之。”[③]综观紫砂壶造型的“形、神、气、态”，给人以印象深刻的造型之美。

紫砂壶的造型艺术是以产品设计思想为指导，通过紫砂材料及辅料、工艺手段和各种专业制壶技艺进行创造的一种艺术。其本质特点是强调实用价值、审美价值和功能性的统一，具有物质和精神的双重属性。

紫砂壶造型之美可分为自然形态的美和抽象形态的美；既有造物的美，也有精神层面的美。在表达艺术设计主旨的题材上大致可分为十四大类[④]。即食品元素题材、图形图案题材、建筑题材、各类文化题材、生活生产民俗文化题材、金石书画诗词歌赋题材、自然界无生命的物品题材、自然界动植物题材、旅游名胜题材、借鉴相关工艺美术品题材、借鉴食具的题材、音乐乐器题材、纪念性题材等。在这些题材中，有的是单独以此类题材进行设计，有的是采用两类或多类题材综合设计的。

宜兴的紫砂壶设计的题材随着时代的发展变化而变化，随着艺术设计思潮的发展及中国茶道精神的发展而变化。常见的艺术手法是利用方圆对比、线形对比、造型体量的相互关系的空间虚实的对比、疏密关系的对比，同时注重长短线的错位，大小不同几何形组合之间一定比例关系的错位，以及单

---

① （清）吴骞．阳羡名陶录[M]．高英姿注．紫砂名陶典籍第40页，浙江摄影出版社2000年7月第1版．

② 奥兰田（1836—1897年），原名奥三郎兵卫，名玄宝，字素养，号兰田、独飞。经营和转销大米、干鱼、油类商品，东京商法会所创始人之一，后任东京商业会议所副会长，是当时日本商界很活跃的实业家之一。（引自高英姿注．紫砂名陶典籍第81页）

③ （日）奥玄宝，茗壶图录，转引自高英姿注。紫砂名陶典籍[M]，第87-88页，浙江摄影出版社，2000年7月第1版．

④ 胡付照．紫砂茗壶文化价值研究[M]．中国物资出版社，2009年11月第1版，第110-135页．

方圆多相造型美

顾绍培制—卧轮壶

吴鸣制—日月壶

吴培林制—硬道理壶

裴石民制—五福蟠桃壶

顾景舟制—树瘿壶

高振宇制—贤明壶

季益顺制—祥云祈福壶

徐达明，王秀芳制—唐羽壶

陈进海设计，
陈国良制—钰方壶

鲍仲梅—施秀春制
嵌银丝三足鼎壶

谢曼伦制—大桑宝壶

个紫砂壶各个构件之间的相互关系，成套壶具各个组合件之间的关系。在其造型艺术设计中，充分运用变化与统一、对比与调和、整体与局部、比例与尺度、平面与立体、对称与均衡、透视与错觉、节奏与韵律等造型形式美法则，使线、面、体产生悦目、和谐的美感，创造无数妙趣横生的艺术形象。在紫砂壶的造型上，目前有光货（圆器、方器）、花货（塑器）、筋纹货（筋纹器，筋囊器）等几大类，尤其是紫砂泥料的优点，使得造型艺术的表现力远远超越了其他黏土，广泛开拓了壶艺造型的空间。

三、幻化万千的装饰美

对紫砂壶艺的装饰，要体现它的气质，适宜的装饰能使人对器物的欣赏意味无穷。这些装饰的内容包括花货类的浮雕、贴雕，光货类的线条，筋囊

陶刻装饰

印纹装饰

泥绘装饰

泥质肌理装饰（泥色、调砂、铺砂、抽砂装饰）

捏塑装饰

贴花装饰

透雕玲珑装饰

不同肌理及色彩的紫砂泥的表现例举

印章装饰

彩釉装饰

抛光装饰

绞泥装饰

镶嵌、其他装饰（包锡嵌玉、嵌金银丝、红木等装饰 等）

不同肌理及色彩的紫砂泥的表现例举

类的纹样，镶嵌作品的材质、位置，陶刻装饰的铭文内容、款识水平，文学内涵隽永，书法、金石、绘画艺术功力及谋篇布局以及镌刻用刀韵味的精到等[①]。不论紫砂壶艺制作者用何种装饰技法，他们在艺术创造的天地里总是借鉴中国传统书法、绘画、雕塑和其他工艺美术等相关姊妹艺术的有益的经验，以创造意蕴深藏的壶艺装饰美为最高目标。

在紫砂壶装饰艺术上多运用巧妙的变形夸张的表现技法，它在理性的支配下，按照美的自身内在规律，“夸而有节，饰而不诬”，目的是为了形象更加突出，主题表达更为鲜明，更加富于感染力和装饰性，以及增添趣味性与幽默感。它既尊重自然，又能摆脱某一自然形态的束缚，有时，那些被简化、省略的地方，正是留给观众去回味、去补充的地方。夸张变形是主、客观的融合，是外在客观本质和真理在艺术家内在主观思维的浓缩，是“不似之似”的一种强化艺术形象、突出现象本质的重要手段[②]。

① 徐秀棠．中国紫砂 [M]. 上海：上海古籍出版社，1998 年 11 月第 1 版，第 109 页．

② 熊寥．陶瓷美学与中国陶瓷审美的民族特征 [M]. 杭州：浙江美术学院出版社，1989.

紫砂壶装饰技法主要有：陶刻装饰、印纹装饰、泥质肌理装饰（泥色、调砂、铺砂装饰）、泥绘装饰、绞泥装饰、捏塑装饰、贴花装饰，透雕玲珑装饰、镶嵌装饰、彩釉装饰以及其他工艺装饰等。这些技法的形成和创新，都是为了增添紫砂壶的装饰美学意蕴。从主题内容上来看，紫砂壶装饰艺术集诗词、书画、文学、篆刻、艺术于一体，在紫砂壶体上所镌铭（或泥绘、或用金银丝、或色釉、或纹饰、或添加其他辅料）的内容于切[①]茶、切壶、切水、切形、切合装饰，吟咏茶的诗词、短句，从论茶道、壶道延伸到了哲学、伦理等领域，大大提高深化了紫砂壶的文化内涵。

紫砂壶的装饰之美意蕴丰厚，装饰设计者们应该做到适宜，师法自然，充分发挥紫砂符号语言的长处，无论或繁或简，只有运用适度，才能增添紫砂壶之美，否则只能是变丑，而失去了紫砂壶的魅力。

结语

紫砂壶的艺术设计之美通过它的质地、造型和装饰等的不同艺术形式的相互配合，突出表现其意蕴之美。而紫砂壶意蕴的实现是设计之美的综合显现。“意蕴是艺术整体所呈现给读者的景真、情笃和意切的出神入化的艺术境界，它所创造的形象是最富有启示性或暗示性，从而为欣赏者提供出一个审美再创造的心理空间”[②]。

随着陶瓷工艺技术的创新和进步，练泥机代替了人工锤练泥料，电脑芯片控制了窑炉烧造，使紫砂壶烧制效果易于控制，新型装饰辅料的添加、装饰等变得更加多样化。紫砂壶在当代技术的进步，它凝聚了时代的科技含量和手工艺人的艺术思想。

综观紫砂壶的设计与制作，始终从服务人们的生活实用功能的角度出发，充满着浓郁的人文关怀，处处闪耀着人性的光辉和东方的工艺美学魅力。通过使用紫砂壶品饮中国茶，是一种生活化的艺术，也成就了艺术化的生活。

---

① 切壶切形、切茶切水、切情切景等形式中的“切”字含义相同，是为切合之意，以壶形、以茶水、以壶艺情景等切合，增添紫砂壶的文化艺术气息。

② 熊寥 . 陶瓷美学与中国陶瓷审美的民族特征 [M]. 杭州：浙江美术学院出版社，1989 年 11 月第 1 版，第 94 页 .

茶禅视角下紫砂壶文化意蕴探究

紫砂壶的诞生，是为茶而生。从北宋初创之大壶煮水、盛水之用，发展到明清时案头泡茶、瀹茶之小壶，随着饮茶方式的变化而不断发展变化。中华茶文化内涵丰富，其与儒释道密不可分，紫砂壶作为茶具中的一分子，与佛教缘分甚深。

一、紫砂壶的诞生即与佛教有密切的关系

紫砂壶的制作是宜兴陶业发展兴盛的一个必然产物。制壶名手名家的出现，是宜兴代代陶瓷智慧薪火相传的结果。现存紫砂壶文

汪寅仙制—灵芝供春壶（供春壶已经成为一个经典，几乎每一位从事紫砂艺术创作的艺师都会以此为题展现自己的艺术才思）

化方面的第一本专著——明代周高起所撰《阳羡茗壶系》中记载了“富贵土”的传说。“有异僧经行村落，日呼曰：‘卖富贵土。’人群嗤之。僧曰：‘贵不要买，买富何如？’因引村叟，指山中产土之穴去，及发之，果备五色，灿若披锦。”①从始陶异僧的传说，我们不难发现，紫砂壶的诞生，从原料的发现上就显示了与佛家的密切关系。

江南佛事兴盛，在有关紫砂陶的传说中，众多与佛教密切相关。周高起《阳羡茗壶系》载：“金沙寺僧，逸其名，闻之陶家云：僧闲静有致，习兴陶缸瓮者处，搏其细土，加以澄练、捏筑为胎，规而圆之，刳使中空，踵传口柄盖的，附陶家穴烧成，人遂传用。”②后，此书又载，儒士吴颐山居士读书于寺庙中，陪读书童供春窃仿老僧心匠，“淘细土抟坯，茶匙穴中，指掠内外，指螺纹隐起可按，胎必累按，故腹半尚现节腠，视以辨真”③，学得制壶之技艺，遂传天下。现代学界，对供春其人考证未有统一观点。现今在中国国家博物馆中所藏“供春款树瘿壶”，真赝亦未有定论。昌迦禅师在《禅宗的指纹——紫砂茶具》中针对博物馆所藏的树瘿壶上精细的仿真树纹指出：“这树瘿壶乃是后代对供春手捏壶的不合理仿制品，原本异僧教给供春捏制过程中所天然留下的周身纹理，因为现代制作工艺的改变而不得其解，终而以主观划线方式误解了捏纹所具的天然肌理，我批评说：是后代围坯打墙法工艺代替了异僧和供春特有的捏筑法工艺，造成这把供春壶不伦不类的仿制结局。我们应了解到：不在壶身划刻线纹，壶身捏制所留下的天然隐约线纹，才是真正的供春艺术特色，一旦去做夸大表现必成矫饰。”禅师认为参禅修行要从根本入手，“不立文字，不离文字”，“真净”修行。

紫砂与佛教渊源甚深，儒学之吴士与供春壶，似乎也印证着无茶不文人，茶与壶文化的密切关系。清《阳羡名陶录》的作者吴骞，不但把金沙寺僧列在紫砂“家溯篇”之首，还撰诗云：“金沙泉畔金沙寺，白足禅僧去不还。此日蜀冈千万穴，别传薪穴祀眉山。”④

---

① 中国陶瓷名著汇编 [M. 北京：中国书店，178 页，1991 年 5 月第 1 版 .

② 中国陶瓷名著汇编 [M]. 北京：中国书店，179 页，1991 年 5 月第 1 版 .

③ 吴山 . 中国紫砂辞典 [M[]. 南京：江苏美术出版社，293 页，2007 年 9 月第 1 版 .

④ 吴山 . 中国紫砂辞典 [M[]. 南京：江苏美术出版社，293 页，2007 年 9 月第 1 版 .

顾景舟制—僧帽壶

李茂林制—僧帽壶

二、历代流传下来的壶式中以佛教题材呈多元化体现

从历史发展演变来看，紫砂壶艺之风格带有较为明显的时代特征。明代淳朴古雅简洁之美，清代华丽妍媚工巧之美；近代简练大方古典之美；现当代技艺综合创新之美。数百年来，紫砂艺人们以紫砂材质优良的可塑性及其烧成后特殊的肌理、色彩，创造了大量的紫砂壶及其雕塑、法器等佛教艺术之作，展现了紫砂陶的无穷魅力。尤其是紫砂壶的创造，融入了佛教文化元素的多种主题，彰显了佛文化内涵，受到了人们的喜爱。

紫砂壶作为茶禅文化的物质载体，受到了茶道与禅道的双重影响。在明代最早将佛教元素引入紫砂壶造型的是明代万历年间李茂林制作的“僧帽壶”。“僧帽”是出家僧人所佩戴的帽子。以其为造型的壶体呈扁圆状，壶身贴有八瓣莲花瓣，壶流短直，嵌盖，飞把，扁圆纽。其后，明代时大彬所制的“僧帽壶”，造型迥异。壶体呈为六方，壶流一侧高起，呈鸭嘴状，壶肩上立五朵莲瓣，呈帽冠状。嵌盖、壶纽为花蕾圆球形，有五条筋纹与壶身呼应。吴梅鼎《阳羡茗壶赋》曾赞时大彬僧帽壶曰：“刻桑门之帽，则莲叶擎台。”其后，造壶名手在此基础上，又不断发展、创新，制作了多种式样的僧帽壶。

万历壬子年住持普陀珞珈山白华庵的释如曜收藏金石、书画、文玩、茶具。他不但爱壶、藏壶，还定制砂壶，撰壶铭[①]。如，在赠给天然禅师的卧轮紫砂大壶上铭：清人树，涤心泉、茶三昧、赵州禅。佛生日、丙申年、释如曜铭、赠天然。这则壶铭切茶切禅，与撰铭者、受赠者身份均符合。

时大彬制—僧帽壶

① 韩其楼．紫砂古籍今译 [M]．北京出版社，第 385 页，2011.1 第 1 版．

清代溧阳县令陈曼生开一代文人壶之风气，“阿曼陀室”的紫砂创作群体，在紫砂造型、铭文方面，集诗、书、画、印于一体，文人与制壶名手联袂合作，给紫砂注入了文化活力。如，著名的曼生壶十八式中的唐井壶即是取材于溧阳零陵寺中的唐井之井栏造型。状若农家斗笠造型的箬笠壶，壶铭：笠荫暍，茶去渴，是二是一我佛无说。意思是，斗笠能够遮阴，防止太阳的暴晒，茶能够去烦涤暑，这究竟是一回事，还是两回事呢？菩萨没有说。此壶铭文既切壶又切茶（“茶去渴”），充满了禅机玄语。又如：青山个个伸头看，看我庵中吃苦茶。

（清）曼生壶造型之箬笠壶

明清时期的紫砂壶，其壶式多变，从自然山水、花木虫鱼、旁门工艺中均汲取创意，或简约规整，或诗词铭文，尤其是关乎佛教题材者，在器型变换中禅风佛意浓浓，壶式“以形写意”彰显禅茶精神。

近现代的紫砂壶设计与主题取材自佛教文化内容的更多。如经典的摹古僧帽壶（顾景舟、曹婉芬、葛陶中等）、佛海容天壶（吕尧臣）、释尊壶（鲍志强）、禅意系列如百衲、菩提（吕俊杰）等。另外，还有禅师与书画艺术家刻绘有多种禅画、禅语的紫砂壶等等。

原中国佛教协会会长赵朴初居士，精研佛学，德高望重。曾在1994年来宜兴问壶。赞有：“精思巧手，茶道文心”，“陶都建，北宋已知名，坡老归来曾买宅，陆羽于此著茶经，佳话说宜兴”。朴老的咏茶绝句现在更是被当今的制壶者铭刻于壶上：七碗受至味，一壶得真味。空持百千偈，不如吃茶去。紫砂壶是文化元素之载体，佛教文化题材运用之广泛，使人们在品茶之时，不仅能观壶有悟，还能在此尊宝壶之上启迪禅思妙悟，紫砂壶实在是修佛者必备之器。

紫砂壶以天然的宜茶性和材质的艺术创造自由性，具有功能约束与承载艺术思想之能。明代周高起说：“本山土砂，能发真茶之色香味。”紫砂壶因茶而生，茶在壶中能真实地展示茶性中最美的一面。以茶修行，品茶读壶，

吕尧臣制—佛海容天壶

吕俊杰制—百衲壶

佛禅元素内涵的壶式及其铭文贯穿茶事活动的整个过程，饮罢茶汤，视线停留在壶上，那些禅语机锋令人顿悟。清茶与砂壶，乃清净人心，归于素朴平常的良药。

三、壶道精神：真、朴、和、容之圆融统一

紫砂壶以其裸胎质朴之态，素面素心的美学语言，展现其材质之美、造型之美、装饰之美，以奥妙无穷的触觉、视觉之美引人思悟[①]。紫砂壶肌理细腻，色泽澄净、圆润如玉，古拙素雅、简净耐品、禅意浓厚。一把壶上综合呈现了书法、篆刻、绘画、壶铭等精妙的装饰之美，令人生闲远之思。

朱仁民制—元宝笑弥勒壶

① 胡付照．紫砂茗壶文化价值研究 [M]. 北京：中国物资出版社，88 页，2009 年 11 月．

一把壶，何以能成为坚守壶道的好壶？笔者认为，是制壶者坚守了“真、朴、和、容之圆融统一”的造壶精神。此种精神入壶，方能与茶禅相得益彰。真，以恭敬真诚之心造壶，选真材实料的紫砂矿土为料；朴，含蓄而内敛，肌理呈现质朴之态；和，以平和之气入壶，壶身、把、流嘴、壶盖、壶足等壶之造型和谐美妙；容，盛茶储水、包容茶叶之精华、方便泡茶者取用，亦有兼容之意。

紫砂壶艺术，是以紫砂陶土材料及其装饰物作为载体，或静态呈现，或动态欣赏，最终达成线条、块面、色彩、体量、空间的立体有机的统一，表现四维时空。抽象地看，还是线条的变幻，从砂壶的造型线条上，我们不难读出中国书法线条运动的意蕴。

作为造物之道中的紫砂壶艺术之道，它讲究形式与内容的统一，体现着中华文化的基本精神。在通过紫砂工艺实现从矿土到器物的过程中，紫砂壶

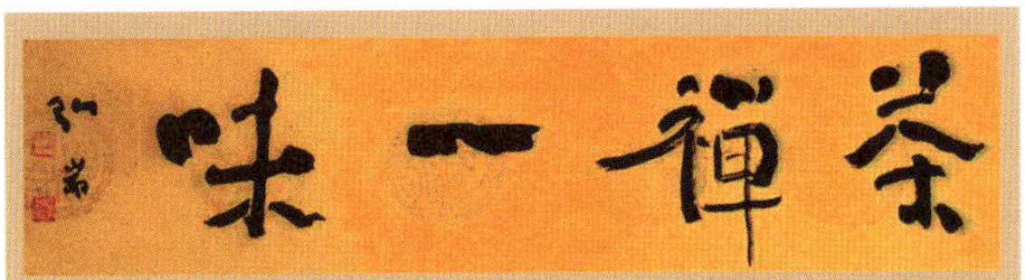

弘耑书法—禅茶一味

以“方匪一式，圆不一相”的造型、独具特色的材质、手工技艺的表达、窑火的烧成、人们的使用养护、收藏陈设等彰显出丰富的美学内涵和文化价值。

人们大多是通过饮茶活动引发了深入探索紫砂茶具的兴趣。一次茶事活动之后，在回味茶汤之余，自然会对茶桌上的茶具多作留意。而充满灵气的、富有艺术美感的茶具则一定会被人们欣赏、珍爱。那种既重泡茶功能，又重艺术审美的紫砂壶则一定是壶中佳品。

四、坚守壶道与弘扬禅茶精神

创始于北宋的紫砂陶壶，在明代正德年间器型趋小，用于泡茶。吴骞《阳羡名陶录》载：“茶壶以砂者为上，盖既不夺香，又无熟汤气”[①]。宜兴作为江南重要的产茶区，有七千年的制陶史、茶事兴盛，促成了紫砂壶与茶的密

① 韩其楼 . 紫砂古籍今译 [M]. 北京出版社，2011.1，第 29 页 .

切缘分。明清文人雅士，吃茶谈禅，修禅悟佛，嗜茶者无不好壶。由此而形成的择壶、爱壶、养壶之法频见于茶壶文献之中。

自 2006 年紫砂陶手工技艺被列为国家非物质文化遗产项目之后，具有传统手工技艺特色的紫砂壶更是被人们所钟爱。如今作为 2012—2013 年申报“世界非物质文化遗产名录”项目，无锡的惠山泥人、宜兴紫砂、无锡精微绣（锡绣），是无锡人引为骄傲的“无锡三宝”。当代中国茶文化的快速发展，也促成了紫砂陶产业的加速发展。在发展过程中，紫砂壶界出现了一些不和谐之音，无论是茶人还是紫砂界人士，无不对那些不守壶道的从业者多有诟病。如，紫砂壶原料掺杂使假（尤其以添加了过量的化工原料的化工壶影响茶客健康为甚），代工壶（请人代制，敲上自己的印章，批量复制），虚假宣传炒作，虚假职称，管理部门监管不力等。这些现象背离了紫砂壶道，背离了造物修身的艺人之德，令人遗憾。

然而，从整个紫砂产业来看，那些有着内心的操守、坚守壶道的艺人，仍然占据着主流。尤其是一些制壶艺人，继承传统，勇于创新，不断学习多元文化知识，已经不是旧时的工匠。他们有着良好的文化底蕴，他们给紫砂行业带来了清新之风。

人们饮茶不仅可以带来生理上的保健效用，还能助于心灵上的修持，甚至能达到禅修开悟之境。以茶修禅，即是“行走坐卧皆有禅”之实践，亦是通过外物修持化育内心的体验。禅宗强调明心见性，强调对本性真心的自悟。本来这个茶事过程就是自成系统，能给茶禅实践者以自悟体验的感受，而饮茶、观壶、悟壶，在茶事活动过程中又融进了质朴之土砂的感悟元素，对禅修大有助益。

禅，梵语作“禅那”，意为静虑、坐禅。禅是中国化的佛教，中华茶文化又是原生的中国器物文化，禅宗主张以坐禅修行的方法“直指人心，见性成佛，不立文字”，要求人们立足现实，在生活的当下完成觉悟解脱。身心清净，无有烦恼，此心即佛。

陈晓认为，“所谓中国茶道，必从儒、释、道三教中求得，而且应当是三位一体，禅茶乃其一，尚有儒茶和道茶”[①]。经过历代以茶修行的禅师的实践，净慧法师于 2005 年提出的“正、清、和、雅”的禅茶文化的精神，受到了人们的普遍赞同。这一种精神决定了禅茶文化具有一种不同于哲学和伦理学的

① 陈晓．禅茶茶艺的来龙去脉 [J]. 农业考古，1994 年 5，6 月号，281-284 页．

社会化育功能。诚如净慧长老所言："禅茶文化离不开人文关怀，离不开大众日常生活，离不开禅的观照与感悟。"① 赵朴初老先生有言："禅是一面镜子，它可以照明人的心境，禅是一盏灯，它可以指引人的心路。禅不完全是生活，但禅里有生活，生活中有禅。"涤器、泡茶、奉茶、饮茶、读壶、养壶，莫不是修行生活禅的机缘。"生活禅"即是把禅修生活化。"生活禅"的修行方式，其目的诚如净慧大德所言："将信仰落实于生活；将修行落实于当下；将佛法融化于世间；将个人融化于大众。"② 由此观之，禅茶文化的功能定位"感恩、包容、分享、结缘"最为恰当。既理事圆融，又雅俗同归，具有在日常生活中普遍落实和操作的现实意义。

"茶，清净茶；心，平常心。以平常心品清净茶，以清净茶养平常心。佛法存在于茶汤，存在于日常生活之中，在一杯茶中感受到禅意，将我们的身心安住于当下"。③

紫砂茗壶造型多样，数量众多，而眼前在你手上的伴随着你的这尊紫砂壶，都是因缘众和的结果。我们要惜缘、惜壶。一把壶成之不易，是紫砂材料、造型、装饰技艺、窑火烧造的有机统一；是科学技术与造型艺术的统一；是制壶艺人造物之道的物态文化的表达。一把壶通过商贸物流，与你相识、相守，为你服务。爱壶、惜壶而不痴迷，必要时时警觉：在以茶禅修行途中，以好恶心、分别心、占有心去追求茶与壶的精妙而陷入我执之境者，是迷失了生活禅的主旨，不能玩物丧志，舍本逐末，误入歧途。

结语

紫砂壶造型百态，色彩质感无法言状，壶道如同禅道之无相无形。以茶修禅，吃茶读壶，以茶择壶，以壶悟禅，明心见性。以壶为器，读壶若读己，在用心吃茶过程中，无所住，无所得，无所有。空去茶器，无有分别。以清净心为器，日日习茶，养壶养心，且吃一壶茶。

① 舒曼，李瑞科．禅茶一味 [M]. 中国和平出版社，2005.12 第 1 版．
② 舒曼，李瑞科．禅茶一味 [M]. 中国和平出版社，2005.12 第 1 版．
③ 吴言生．茶道与禅道的文化意蕴 [J]. 中国宗教，第 32 页，2007.12.

紫砂壶艺术价值的当代思考

紫砂壶是我国江苏省宜兴市出产的独具特色的陶质茶具，初创于宋，兴盛于明清，繁荣于当代。作为艺术化的紫砂壶，以其独特的宜茶性、文化艺术思想的承载性，自明清时就备受文人雅士的推崇，他们或参与设计造型、或在壶上镌刻书画印章，用于瀹茶茗饮，手中把玩，案头清供，陶冶性灵。紫砂壶艺术作为工艺美术中的一个门类，实用性和艺术性成为考量一件紫砂壶作品的主要因素。

顾景舟制一大石瓢壶（2010年5月16日在北京举行的中国嘉德2010春季拍卖会上，已故宜兴紫砂名家顾景舟制吴湖帆书画相明石瓢壶以1232万元成交，创下了宜兴紫砂器拍卖单价的最高纪录）

在陶瓷市场上，从价值几元的粗货到价值百万、数千万乃至上亿元的艺术品，紫砂壶也有类似这样的“金字塔”式的价格构成。作为艺术品的紫砂壶，我们应如何看待呢？顾景舟曾经这样评价紫砂壶：“砂艺情形亦然，造型形态完美，装饰纹样适合，内容健康向上，使用功能理想，制

顾景舟制一提壁组壶 [2011 年 12 月 6 日在北京举行的中国保利 2011 秋季拍卖会上，由高庄设计，顾景舟制作的提壁组壶（共计 11 件）以 1782.5 万元成交，再创紫砂壶拍卖世界记录]

作技巧精湛，且艺趣盎然，雅俗共赏，使人把玩不厌，怡养性灵的，才够得上艺术层次的上乘，堪称传世杰作。”[①] 顾景舟先生正是本着这样的原则从事紫砂壶创作活动的，他反对那些把紫砂壶把玩视作“贵族们的玩具”的思想；同时他更加反对一些艺术家单纯地“为艺术而艺术”的行为和观点，主张“为人生而艺术”。他坚持认为：“紫砂壶创作应该顾及一般民众，使之成为人人必备的一种品茗养生之具。”

英国艺术史家赫伯特·里德 (Herbert Read) 对陶器艺术有这样的看法：“陶器是一门最简单而又最复杂的艺术。说它最简单是因为它最基本，说它最复杂，是因为它最抽象……它与文明的基本需求紧密相关；作为一种艺术媒介，陶器必然是一个民族精神气质的表现。凭借陶器，我们便能对一个国家的艺术，即情感艺术作出评价，毫无疑问，陶器是衡量一个国家艺术的标准。陶器是纯艺术，是一门不带有任何模仿意图的艺术。也许正由于这一点，在用形式来表达人的意愿时，雕塑比陶器更局限性，陶器在本质上是一门最抽象的造型艺术。”[②] 福开森（John Calvin Farguson，1866–1945 年）曾说过：“中国的一切艺术，是中国书法的延长。”作为紫砂壶艺术，通过紫砂陶土材料及其装饰物作为载体，以静态呈现，动态欣赏，是线条、块面、色彩、体量、空间的立体有机的统一造型艺术，表现四维时空。抽象地看，还是线条的变幻，从砂壶的造型线条上，我们不难读出中国书法线条运动的意蕴。

从存世的明清时代的壶艺作品，到当下紫砂文化的繁荣中，我们不难发

① 顾景舟 . 宜兴紫砂珍赏 [M]. 三联书店（香港）有限公司出版，1992 年 .

② （英）赫伯特·里德 . 艺术的真话 [M]. 辽宁人民出版社，1987 年 .

现紫砂壶具有丰富的文化价值和艺术审美价值。徐秀棠先生认为："现在总是说一把紫砂壶值一辆小汽车，我觉得这是把紫砂艺术庸俗化了，紫砂变成追金手段，是一种沦落，它本应该是和艺术家相交融的、鲜活的生命。在现代社会，紫砂传统的手工技术和艺术，很容易遭到冲击，我们这些从业者，更应该坐得住冷板凳，把祖先留下的宝贵遗产继承下来，发扬光大。"[①] 当今时代，人们对物欲的追求渴望都有目共睹，作为非物质文化遗产的载体——紫砂壶，在当下重视非物质文化遗产的保护下，自然是受到了人们的关注。随着生活水平的提高，国内茶文化的快速发展，人们青睐紫砂壶的宜茶特性，可把玩的艺术特性，在人们普遍缺乏紫砂壶鉴赏能力、对紫砂文化知识了解不够的情况下，紫砂壶界出现了不和谐的乱象：如不守壶道的制作者，炒作名气，虚夸职称，工手代工，不守商业伦理的商家，非紫砂品、仿制品、普通粗货冒充艺术品，让爱壶者无从选择，令上当者心痛。学术研究浮躁，不尊重知识产权等。紫砂壶中还有没有美，还有没有艺术，壶还是不是艺术品？茶人壶友们发自内心的质疑，值得我们深思。

罗曼·罗兰说过："艺术的伟大意义，基本上在于它能显示人的真正感情、内心生活的奥秘和热情的世界。"艺术承载着人们的情感，只要人类还存在，生活在继续，它就不会消失。德国现象学美学家莫里茨·盖格尔在《艺术的意味》中说："审美的东西并不纯粹是形式，而且也是由那存在于它的最深刻的本质之中的至关重要的生命内容和精神内容构成的。"

作为造物之道中的紫砂壶艺术之道，它讲究形式与内容的统一，体现着中华文化的基本精神。在通过紫砂工艺实现从矿土到佳器的过程中，紫砂壶以"方非一式，圆不一相"的造型、独特特色的材质、手工技艺的表达、窑火的烧成、人们的使用养护、收藏陈设等彰显出丰富的美学内涵和文化价值。

一把凝结了诸多智慧心血的紫砂壶艺术之作，我们应如何对待它？笔者在和壶友茶友的交流中，发现沉迷于壶、于茶中的朋友"日日玩壶玩茶"而难以自拔，难以放下"贪嗔痴"，他们有着极其可爱的一面，他们也需要净友的提醒。中国古代早有"玩物丧志"之训诫。《尚书》曰："不役耳目，百度惟贞，玩人丧德，玩物丧志。志以道宁，言以道接。不作无益害有益，功乃成；不贵异物贱用物，民乃足。犬马非其土性不畜，珍禽奇兽不育于国。不

① 徐秀棠．大师说器·徐秀棠说紫砂 [M]. 上海辞书出版社，2007 年．

宝远物，则远人格；此宝惟贤，则迩人安。”我们在对待紫砂壶艺术及其收藏态度，千万不能走入“玩物丧志”的歧途。通过对紫砂壶艺术的解读和研习，我们对紫砂壶艺术有一个理性的科学探索的态度，认清紫砂壶艺术其实就是生活的艺术，善于分辨哪些是主流，哪些是支流，哪些是精华，哪些是糟粕，以不断提升自身的艺术素养和审美水平，真正培养和提高鉴赏紫砂艺术审美的能力。

当下，爱壶之人最推崇，最易争论的，莫过于壶是手工的，还是模具的；是原矿的，还是添加化工原料的；是原创的，还是工手代工的；是真品原作，还是仿冒品等话题。细细审辩之，归根结底，无不是爱壶之人，对“人之智慧”的崇尚、对国家非物质文化遗产之“紫砂陶制作技艺”的爱、对人性中“真善美”的肯定与追求！

审美紫砂壶艺术，若能以壶养性，不断提升人格境界，能达“止于至善”之境，那将是壶之幸事，国之幸事也！

爱壶吧，因为美就在其中，待你用心灵来解读！去为心找一把壶吧，以其为修身之器，用心吃茶，以行动来探索“道”的深意吧！

感悟历史，品读紫砂

紫砂壶鉴别与欣赏思路探讨

紫砂壶的鉴别与欣赏，即是紫砂壶鉴赏。鉴赏又分“鉴”与“赏”两个课题。“鉴”是鉴别紫砂壶的真伪、年代、优劣和价值，需要鉴别者对工艺美学有一定研究的基础上，熟悉紫砂壶艺术文化、制作工艺、造型纹饰特征、砂壶时代特征等，具有较为丰富的鉴定实践经验。“赏”是在“鉴”的基础上的升华，对紫砂壶作品艺术性的赏析、把玩，主要从审美角度对紫砂壶的艺术水平高低、价值大小的判断。此中的价值，不仅仅包括经济价值，还包括历史价值、文物价值、人文价值等多个方面。鉴赏紫砂壶，要求鉴赏者要能系统地从历史学、科技史、文化学、民俗学、工艺美学等多个角度作综合考证分析判断。要多方位地切入主题，充分调动自己的视觉、触觉、听觉、嗅觉等各个感官进行综合考量，运用自己学到的各种知识来审视，尤其要注意扬长避短。在当今紫砂壶的鉴别中，仍是以鉴定者传统的经验为基础，对待鉴物进行综合判断。

一、真壶与假壶的探讨

从现有的古代流传下来专论紫砂壶的典籍中，我们不难发现，名手大家所做的紫砂壶艺术品当属于奢侈品范畴。

假冒蒋蓉荷花壶（非紫砂，做旧）

我们知道，奢侈品是价格昂贵到只有少数富贵阶层有能力购买并使用的产品。它一般具有五个特点：原料独特和产量稀少，质量和工艺独特，物品外观独具个性，包装华丽和使用价值良好，情感附加值高。而紫砂壶商品中有特种工艺品、细货和粗货之分，低质低价壶冒充精品者能获重利，自然有不法商贩趋之若鹜。从当代的紫砂壶的市场现状来看，真假伪劣的紫砂壶混杂其中，紫砂陶市场亟待进一步规范和约束。从制壶原料上看，能做成壶的泥料，全国有多种产地。由于宜兴紫砂壶本身即可以烧成多种肌理和色彩，有些地方的黄泥壶、陶壶也常被不法商贩冒充为紫砂壶出售。而宜兴紫砂壶本来生产能力也非常强，市面上从几元一把的壶到数十元、数百元、数千元、数万元的壶都有，许多仿制古代名家名作、仿制当代大师、高工名手的壶，以精美锦囊包装，配以证书，迷惑性极强。

从营销学的角度看，世界上任何商品的造假，多是由于生产者生产能力无法满足市场的需求、市场监管制度的无力、无确定的鉴定标准、消费者缺乏鉴定能力、产品利润率比相似产品高、销售商户或企业商业伦理观念淡漠等诸多因素影响，导致部分商人不法逐利，违反法律和规则。

商品是为了满足消费者的需求而创造的。对一些稀世珍宝，由于其稀缺性，而无法满足人们拥有它的踏实感，一些爱好者所购壶品，明知是仿品货而购买。同样是仿品，又分高仿和粗仿，价格也相差很大。在古董行当里，真品与仿品几乎在各个艺术品类中都存在，这也是一个普遍现象。无论人们收藏物品的价值品位如何，购买了假货、仿品也是走在收藏路上难以逾越的“障碍”，收藏家们则多把这些看做是“吃药”或“交学费”。

紫砂壶艺术在其发展五百年左右的时间里，历史上就存在着仿冒问题。比如，明代的紫砂壶名手之作，其价值可抵中等家庭的资产，其珍稀名贵而非常人能得。到清初时，名手壶艺作品更是很难获得，即使是清初高手如陈鸣远的作品，在清末时也十分稀少难觅。在紫砂壶史上，作伪最为严重的时期是在清代中叶以后至民国初年，人为地制造了历史文物的真伪混乱，给收藏和鉴定带来了诸多问题。顾景舟先生对这个时期作伪问题的看法是：“凡是意仿明代作家类型的壶，无论在技艺上、泥色上都是远远超过历史原作，因为社会是不断向前发展的，事物是不断进步的，科学技术更是长足地提高着，所以将摹制品与明代传器相比较，都显示出后代摹仿品的优越水平。至于清初延至中期的几位杰出的大家，如陈鸣远、圣思、邵大亨等的旷世佳作，不管复制者技巧多么精工，总觉得在神韵上有所不逮，不免有于玉与燕石的差别。但是这类作品流传至今日，一旦偶为好事者所获得，当然还是很有赏玩珍藏的价值的。它应当区别于现代的假冒伪造的赝品，亦更异于近年出现的借图谱伪造再仿的技低质劣产品的假中之假，用以自欺欺人，好事者诚然不可不千虑慎辨，以免受骗上当。”[①] 晚年的顾景舟在对美国学者谢瑞华女士和香港中文大学黎淑仪教授的谈话中说道：“这是一段不光彩的历史，但作品还有艺术家的再创造。”他坦然承认了这个事实，同时也认为他的仿古中有自己的创造，绝不仅仅是复制他人。

紫砂壶制作技艺，传统上是以手工作坊为业态形式，师徒传习，艺徒受业，先打下手，再从“仿”做起，直到“创”与“变”。仿制作品，则先临摹师傅的力作，再后是临摹名家名作，摹仿复制是紫砂壶制陶艺人传统的学艺方法，并且已经成为一种习惯，一些著名的经典壶式也就是在这样的世代相传中，众智所为，成为传统壶式。在艺成出师后，仍会仿制，有时仿制前代的名家名作也是展示自己技艺的一种手段，一般传统做法是，所仿制作品在仿品壶底上均有明确的署款，如“大彬仿供春式”、“（朱）时楳仿古”等。这样的仿制如同书画学艺过程一样，仿古代著名法帖、名画，仿制品上署名仿者名号、款识。这样的仿制不应受到批评。

另外，在传统的师徒传习壶艺的作坊中，多具有浓厚的封建家族色彩。常是师徒相传、子承父业，艺成以后，从中国传统手工文化的角度看，徒弟从属于师父，“父子一体”是天经地义的事情。这种情况反映在紫砂壶艺术上，则是师父取徒弟的制品而署师父的名号款识，师父署款当然是徒弟制品中的佳作，师父感到满意的作品。对徒弟而言，师父把自己的习作署上名款，是无上光荣的事情，也标志着自己在学艺方面的进步。文献记载，明代李仲芳是制壶名家李茂林之子，又是时大彬的高足，其技艺兼受家传与师承，制品文巧精绝，技艺俱佳，大彬见而赏之，拿来自署款识。因此，传世时大彬的壶中，应有李仲芳的作品。现代看来，时李力作难以辨明，但其二人均为明代制壶名手，一般也不再考究了。

清代制壶名手杨彭年，有女杨凤莲，传父业，善制壶，她所制的砂壶中，多用杨彭年的印章署款。

所以，传世少见或不见杨凤莲款的砂壶。

---

① 徐秀棠，山谷．紫砂入门十讲 [M]. 上海古籍出版社，2006 年 7 月，第 228—229 页．

民国时期的制壶名家程寿珍，有一枚“八十二老人作此茗壶巴拿马和国货物品展览会曾获优奖”的款印，在程氏过世后的一段时间中，其子程盘根曾有使用。

当代宜兴的砂壶世家中，子承父业，并用父印的情况，比历史上更为普遍。加之，当下社会道德标准浮动，物欲大行，陶瓷科技发达，制伪技艺高超，出现了历史上没有、少有的紫砂乱象。如工手代工、以花盆泥冒充制壶用的紫砂泥、以其他产地的紫砂或非紫砂矿冒充宜兴紫砂、根据文献或古代图录臆造古壶伪作、利用高科技作伪、高价名气壶等不良现状，在紫砂盛世的当代，令爱紫砂的人士内心充满了忧虑，我们的紫砂界该如何自律，紫砂壶艺相关者该如何管理、监督？如何提高我们的文化素养，增添紫砂艺术内涵？我们共同造就的紫砂艺术文化，要把它带向何方？

二、紫砂壶鉴别的基本方法和思路

研究和喜爱紫砂壶者，都有自己一套鉴别欣赏艺术品的方法。在多种紫砂论著、世界各地的紫砂收藏者队伍中都不乏有眼光犀利、鉴别水平高的专家论述过此项课题。

爱美之士多有这样的共识：美是难以描述的！美是难以有一个“一二三”的标准的！尤其是通过语言来描述什么是美，终难定论。爱壶者心中常存此问：“什么是好壶？”台湾著名紫砂文化研究家、收藏家傅英书女士（从事茶艺及紫砂壶收藏、研究 20 余年）曾有这样的解答：“每个人总要问，怎样看紫砂好不好？问题就在这里，如果你永远都为‘看’的，你是一辈子都‘看’不出来紫砂壶好不好的。那么有人又问，那怎么有时候你看一眼就断定这把壶好不好？须知，我也是先积累了多年的经验，才有这一眼评断功力的。想把眼力练好，文化上的修养是基础。因为真正艺术上的审美感受是只可意会无法言传的。在紫砂壶中，全壶整体的线条，各部分的比例布局，壶身、壶嘴、壶把的线条转折，壶身上铭刻的书画，等等，怎么才算好，必须靠自己多用心去体会。无论是传统还是现代的紫砂壶收藏者，对紫砂壶的线条审美仍是有一定法则的，书画赏鉴中常说的‘气韵生动’可以作为我们鉴赏紫砂壶造型的一个准则。至于很多人所重视的壶身内外的印款、刻款这些款识，对于紫砂壶来说，款识绝对不是鉴定真伪时最首要的依据。比起胎土、做工，款识比较好辨认，但也是最容易作假的。所以，只有掌握了胎土和做工的辨认法则，才能避免只认款识带来的‘吃力不讨好’”[①]。审视茗壶，也要像鉴一般艺术品那样，要“远观其势，近辨其质”。从宏观上远处观壶看其气势、韵味，近距离上要细细辨别其细节，气孔圆不圆，各细部附件是否做的精细、用心。

练就一双鉴别紫砂壶的“火眼金睛”绝非一日能成。笔者坚信只有不断提升审美主体的鉴识能力才能使审美客体之美共鸣、映像。笔者认为“若人心至清净，则能与壶心相通，能达不鉴而鉴”之能。在研习壶道的路上，“格物有法”！我们能够通过不断的研习，来逐步提高鉴别欣赏能力的。笔者认为，通过以下五个层面，能不断提高对紫砂壶艺术的鉴别能力：要熟悉标准器特征、了解不同时代器物的胎质与火候特点、壶式与风格特色、制作工艺特点以及款识和铭刻。

1. 熟悉砂壶标准器的特征

要求对不同时代的标准器的特征有实质上的熟悉。尤其是当前业界没有争议的明、清紫砂壶的真品，要对实物真品有一定的研究。对一般爱壶者而言，这是较为困难的。这也是诸多爱壶者和研究者不能自信和究竟的主要原因。“不知真，焉辨假”？旧时古董珍品少之又少，一般普通人士哪能有零距离接触的机会呢？仅靠看壶图、观隔着玻璃、射灯映照下的博物馆藏品也很难有真正意义上的提高。

但从紫砂文化研究现状来看，相对于其他陶瓷器，紫砂文化文献较少，与文献相应的实物也非常稀少，“紫砂标准器”建立较为困难。但我们应特别注意研究制作者的师承流派风格，加强对古窑残器、墓葬出土器物、水下考古发现、文博单位的藏品、紫砂文献著述等的多方位探究，逐步建立其时代标准器特征，加强紫砂文化学的建设。

2. 细辨器物的胎质与火候

紫砂泥是由紫砂矿土练制而成。不同时代科技发展程度不同，开采的矿土方位也有区别。不同年代所开挖出来的矿土是有差异的。加上练制泥料的方式不同、烧成方式、出窑后的风化程度、使用痕迹、壶上所遗留下来的包浆、文献著述中描述的壶特征等不同的状况，这些种种的不同特点，则把时代信息以凝固的方式通过紫砂壶展现了出来。

① 鉴赏紫砂壶首先需要看气韵[D]，http://www.sina.com.cn 2008年02月17日 10:58 新浪论坛.

3. 了解壶式与风格特色

不同时代的工艺美学、社会文化都是具有时代特征的。不同时代的紫砂壶的风格具有不同的特点。从壶式上看，明代壶式较少，壶多作圆器、仿青铜器，风格多古朴素雅，具有文人气息。清代早中期的壶式大方开朗，有华贵气息。清中期文人参与壶事较盛，风格儒雅温和，常伴书画壶铭装饰，文化艺术气息浓郁。清中期至清末壶式繁盛，装饰繁复，多元发展。民国初期除继承晚清风格之外，也受到商业文化影响，趋向实用主义，部分受到上海复古风潮影响，仿古作品较多。

另外，一些紫砂文献的记载也不可忽视。因为从这些文献的记载上，也能对一些壶式作大致的判断。如曼生壶中的“箬笠”（亦称“笠荫”）、“瓢提”、“井栏”等的壶式不会早于嘉庆；相传鱼化龙壶为邵大亨所创，所以此壶式不会早于嘉庆，等等。

4. 熟悉砂壶制作的工艺特点

从陶都宜兴的制陶工艺发展进程上看，宜兴制缸艺人的技术必然启蒙着制壶上的打身筒成型法。基本上在明代，主要制壶方法将泥片分段包在圆形的木模或石模上，镶接好壶盖或底后取下，稍干后再进行上下镶接。到万历时，时大彬不用模具规范，以泥片置于转盘上，用拍打方式成型。南京的吴经墓提梁壶的壶身内中段有上下相接的痕迹，证实了从制缸技艺到紫砂壶打身筒成型法之间的过渡历程。随着紫砂壶由大至小以及艺人技艺的进化，辅助模具及上下镶接的方式被简化省略，成为了当今以左手撑住壶内壁，右手用拍子拍打壶外壁，使身筒规范缩口成球形的打身筒成型法。

镶身筒成型法应是受到瓷器及其制锡工艺的启发，大多是以样板裁切泥片黏合而成。随着技艺的改良，壶身配件与器身相接出发展为“明接”与“暗接”的方法[①]。这些以手工技艺创制的壶品，是能在壶身上留下不同的痕迹特点的，也能归纳出某个艺人或艺人在某个时期的工艺风格，因此，据此也可作为鉴赏的一个重要因素。

当今社会，信任危机在壶界亦有表现。国家级非物质文化遗产保护项目保护的是紫砂陶的手工之作技艺。由此，手工痕迹明显的自是受到众多消费者的追捧。而内行欺负外行的事情就发生了：某些制壶者，以模具辅助成型（使

① 明接是以脂泥将两个部件以一定的角度镶接，不再添加其他材料；暗接是在相接处加上一圈泥条，以工具刮平顺，使其成为圆弧曲度，宛若生成。

用工具，本不应受到诟病），再在壶上做假手工痕迹，令不明制壶工艺者轻信“纯手工”，由此多付购壶费用。最为可气者，就是这样的壶在壶内壁上敲上几个印章，壶底往往还会打上或刻上“纯紫砂，纯手工”的字样，真是此地无银三百两！在这样的制作与消费关系状态上，似乎更加要求消费者对紫砂壶要有深度研究，方能出手选购。因为，能买到一件真紫砂艺术品，在当今的市场状态上，确实不易。

5. 鉴别款识和铭刻

紫砂壶的款识与其他陶瓷制品的款识相比，具有独特性。这也是赏壶者会特别赏鉴壶底、壶盖内的款识的原因。奥玄宝《茗壶图录·款识》：“或以堂亭斋馆诸号，或印或否，书体不一，大抵用真行草，间有用篆隶者，印文有朱白肥瘦诸体，其镌印所在，或腹、或底、或流下、或鋬下、或盖背、或盖之外口，无一定位置，各随作家心匠而为之耳。”[①] 紫砂款识是指用鈐印钤盖或用刀（竹）镌在紫砂陶器的身筒、底部、盖内、鋬等处的制作者或定制者、监制者的印记[②]。这些印记，或文字、或符号、图案，便于砂壶使用者、赏鉴者识别。

示意图：一把壶可能打印章的部位示意图

历代制壶名手艺师对紫砂所印钤印的款识十分讲究。纵观紫砂壶款识文化的发展历程，它受到了紫砂陶的演变与当时所处时代的书法篆刻艺术的影响。紫砂壶上的款识大致经历了由毛笔题写、竹刀刻划到用印章钤印的工艺演变过程。

从当下存世的古代紫砂名壶看，有款识的壶最早是在明代万历年间的时大彬所制的“时壶”。“供春壶”是没有款识的，钤有“供春”二字的壶，都

① 中国陶瓷名著汇编 [M]，中国书店出版，1991 年 5 月第 1 版，第 214 页 .

② 徐秀棠，山谷 . 紫砂入门十讲 [M]，上海古籍出版社，2006 年 7 月第 1 版，第 123 页 .

是历代紫砂艺人所仿制的。明代四名家董翰、赵梁、袁锡、时朋目前尚未见实物。李茂林史载以原书号记自己的作品。

款识在壶上的位置，明代多在壶底，形式多为刻款，偶用印款，也有镌刻于壶盖的子口外侧的，但不常见。字体流行楷书，多为竹刀所刻。款识内容多是制壶艺人的名款或定制者的斋号，少数有纪年或题诗铭刻于壶底。明末清初渐流行印章款，制壶者、定制砂壶者以及监制者都用印款，分别钤印在壶底、壶盖内和把下。撰写铭文者、书写铭文者、绘画者都用刻款，署款于铭文下、画下。也有刻款和印章并用的，如惠孟臣、陈鸣远制的壶。尤其是陈鸣远的壶，一般是刻款与钤印并用，且大多是放在一起，这一特征反映由刻款向钤印过渡时期的特点。陈曼生承袭了陈鸣远的方式，他把篆刻装饰到壶上，为壶所创的壶铭，切壶切茶，备受时人所尚。“曼生壶”因壶铭和篆刻而名扬四海。曼生壶的底印最常见的是“阿曼陀室”方形印，仅少数作品用“桑连理馆”印。如“阿曼陀室”已是专用于曼生壶的印号。

从紫砂文献上看，明清时期的制陶艺人史籍记载的并不多见，其可信的传世遗器更有限。有些史料记载的名手如时朋、董翰、赵梁、袁锡、惠孟臣、惠逸公等，事实上，迄今为止还没有一把是经科学鉴定确认无疑的标准器[①]。紫砂款识是紫砂壶上非常具有艺术特色的组成部分，除少数无款茶壶外，大多数紫砂壶都有款识。从内容上看，分为纪年款、堂号款、吉语款、诗词款、姓名款等，从所钤印的部位上看，有底款、墙款、肩款、腹款、盖款等。以正、草、篆、隶等书体刻画，用以表明此壶的制作年代、制作者、装饰者、定制者等信息，成为辨别断代的考虑因素。

顾景舟制壶常用印、蒋蓉部分紫砂壶艺作品用印

紫砂壶的印章款多为阴刻，钤在壶上变成了阳文。但阴刻的图章敲打在半干的泥坯上，如果用力过小，字的顶端刀痕往往难以显露，只有用点力才可以将印章的全部刀痕打印出来。所以即使是同一印章，打印力度不同的

① 宋伯胤，吴光荣 . 紫砂品鉴与收藏 [M]. 商务印书馆（香港），2008 年 1 月，第 153 页

印痕，在壶上呈现的状态也不尽相同，再加上不同泥料的收缩率差异，同一个印章印在壶上烧成后大小也不同。这样也常给紫砂壶印鉴款识真伪的鉴定带来困惑。

紫砂壶款识作伪主要有三种状况：一是真款假壶，此类多为名家由学徒或他人代制，盖上自己的印章。还有前代名家的印章身后流传下来的，为后人钤印在仿制壶上，冒充真品；二是假壶假款，此类作伪手法颇多，当下电脑高科技发达，做一个以假乱真的印章已经变得非常容易和简单；三是一些仿制者任意凭空臆造，或依靠文献记载或推断，“创制”假壶。这在当代出版的一些紫砂书籍图录中已经有发现，读者需多加辨识。另外，紫砂壶在烧成后再补款的现象，现多用高转速锋利的钻头，在成品壶的底部补刻名款，这样的刻款，能体现个人的书法特征而不同于泥坯时的刻划，真伪不难识别[①]。此种利用钻头雕刻的方法，也多用在商品壶的壶身刻划上，但刻划出来文字或图画的效果多生硬死板，深浅一样，缺乏金石味。

明代嘉靖柿蒂纹提梁圆壶
（江苏南京马家山吴经墓出土）

从历史发展的眼光来看，存世的古壶数量有限，而且多藏在博物馆，即使是馆藏名器，部分器物的真伪也需要进一步考证。徐秀棠先生认为：“越古的茶壶，造型、制工、泥色越完美的观点是不符合紫砂历史发展规律的；明、清古壶，从总体上来说，泥料的质地和技艺功夫，是‘明’不如‘清’。从市场情况看，明、清古壶多为国家和集体收藏，大市场上很少有流通，假货太多，如确属真品的明清古壶，价值较高，价格呈上升的趋势。由于20世纪二三十年代仿古之风盛行，一些古董商利用当时比较稀罕的古籍、图谱和古器的独特资源，聘请高手仿作，真赝混淆，因此，明清古壶就远非一般收藏爱好者所能判断和鉴别，在这上面花费太多的气力，往往事倍功半。附带申明一下，

①徐秀棠，山谷．宜兴紫砂五百年[M]. 上海辞书出版社，2009年12月，第76页．

这个观点不应该影响对紫砂文化有兴趣深入研究的人。”[①]

当代的紫砂款识，花样繁多，表现力丰富。有指纹印、壶内底、壶身筒内、盖内、壶底等多个部位篆刻文字、盖内气孔处加盖印章等多种方式，既是防伪，又是装饰，体现了当今的时代特点。虽当下技术发达，但从文化意义上看，壶上所撰壶铭难以超越清时壶艺，能作为时代意义上的经典作品鲜见也。

另外，从商品学的角度看，作为泡茶的茶具在食具安全及其功能性方面应给予特别的重视。在GB/T10816-2008《紫砂陶器》标准中有这样的规定："技术要求的'吸水率'规定：壶类，杯类，盘碟类，蒸、汽锅类：2.5%～6.0%。抗热震性：180℃至20℃水中热交换一次不裂（成套产品以壶类为代表件）。铅、镉溶出量允许极限：按GB12651规定执行。产品的口径或高度误差：±2.0%。有盖产品的盖与口应吻合。壶类产品在倾斜70°时，盖子不应脱落。成套产品的色泽应基本一致”[②]等。

三、紫砂壶器型赏析思路

一把壶，究竟美在哪里，初接触壶者一定有如此的疑问。几把看起来差不多的壶，为什么价格就相差那么大呢？当然，我们看壶，不能以价格作为衡量壶的艺术价值高低的标准。但往往，价格反映了一定的艺术状况。笔者认为，对紫砂壶审美，可作拟人化衡量，从宏观和微观上进行综合评定。

宏观上，要衡量其气韵，微观上则应细审辨其各部件的大小、呼应之关系，线条的起承转合、曲直变化，细部刻画及其泥料纯杂，烧成养护，整体的协调度，等等。一把壶，只有个性明显，气度非凡，令人观后印象深刻，日后又期待再度相逢者，一定是好壶。但壶之美能否打动你的心，关键之处，还有就是你对美的认识。美是相通的！那些符合真善美的事物，真善美的人，都一定会让你心神愉快，心意畅达。

紫砂壶的造型艺术总是利用方圆对比、线形对比、造型体量的相互关系、空间虚实的对比、疏密关系的对比，同时注重长短线的错位，大小不同，几何形组合之间一定比例关系的错位，以及单个紫砂壶各个构件之间的相互关

① 徐秀棠，山谷．紫砂入门十讲[M].上海古籍出版社，2006年7月，第19页．

② GB/T10816-2008《紫砂陶器》标准，中国标准出版社，2009年4月第1版，第2页．

系，成套壶具各个组合件（紫砂壶、品茗杯、公道杯、杯托、茶盘等）之间的关系，在其造型构艺术设计中，充分运用变化与统一、对比与调和、整体与局部、比例与尺度、平面与立体、对称与均衡、透视与错觉、节奏与韵律等造型形式美法则，使线、面、体产生悦目、和谐的美感，创造了无数妙趣横生的艺术形象。

从造型上看，壶分光素器、花塑器、筋纹器等多种造型。如今更是综合器型混杂于一体，难以区分。笔者认为，那些象形、仿真的类似雕塑的壶式、花塑器，不妨以审辨雕塑美学的方法来欣赏。而光素器，在这里笔者尽量详细分析解释如下。

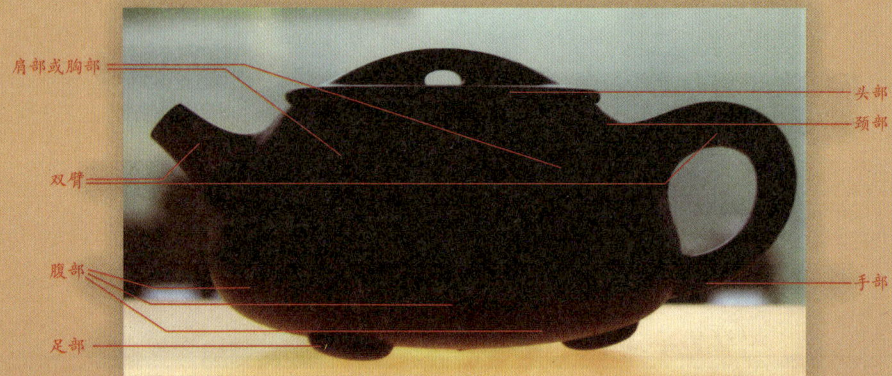

徐汉棠制—石瓢壶拟人体部位示意图

周桂珍制—牛盖壶

华健制—紫泥六方壶

何道洪制—韵玉壶

吕尧臣制—相扑壶

1. 壶式构成与拟人化

人体之美，奥妙无穷。摄影家们最常感慨的就是：把一个人拍好，太难！因为你要从形与神上兼顾，熟悉镜头语言，方能为之。我们不妨把壶视作人，来分析壶式的各个部位与人身体各部位的关系。

在中华礼仪之中，人们多忌讳以食指指人。在人们发生冲突口角时，妇女常见的动作就是一手叉腰，一手伸展弯曲后食指向前指责他人。而这个动作，恰似茶壶。因此，从人体与壶造型形式来看，紫砂壶以人体腰部及其以上的部分作为主体造型。包括头、颈、肩、胸、两臂、手、腰腹等，而腿足部位则较少。即使有，壶的足底部也处理得较为短小，粗壮，鲜有高、细、长者。

2. 壶造型的各部件之间的关系呼应

壶的各个部件之间具有和谐统一的相互呼应的关系。壶体、壶把、壶流、壶盖、壶纽、壶足等不能张冠李戴随意搬挪部件，进行所谓的创新。在紫砂行业中有这样的流传谚语“壶把随着壶身走，壶嘴顺着把末出”，这句谚语就

陈鸣远制—东陵瓜壶
（白描图，各部件呼应分析）

清代陈鸣远制—东陵瓜壶

很形象地说明了制作一把壶需要注重壶的各部位之间关系的和谐处理问题。紫砂壶上的每一个部件的造型都是在一个主题表达之下的物化体现。有形意上的一致性呼应，有对比相反性的呼应。比如，大亨掇球壶的每一个部件都是圆意的体现，诸多圆形部件有机组合成一个圆意主题的砂壶造型。方壶造型，则每一个部件作方形线条的组合，使得砂壶充满方正之气。

对比相反性的呼应体现，则多以粗细、大小、曲直、花素、方圆等进行有规律的相反或相逆处理手法来体现壶的主题。

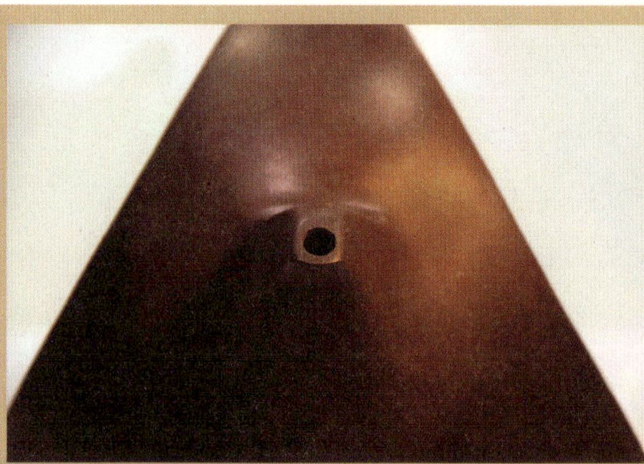

汪寅仙制—神鸟出林壶

3. 变换无穷的线条艺术

紫砂壶艺术如同中国雕塑艺术一样，是由多种线条构成的立体造型艺术。曲线、直线、抛物线、双曲线、渐开线等。线条或平行或缠绕，变幻无穷，耐人寻味。我们细心地观赏紫砂壶艺术作品，不难发现，紫砂壶上笔直的线条并不存在，每一条线几乎都是弧线，这些弧线主要有圆弧线、抛物线、S线等。作为方器，我们近距离观察也会发现，即使是远观的直线，近看都是向外鼓出的弧线。这些弧线的构成，对壶主题的彰显起到强化的作用，或蓄势、或收敛，或是从视觉上对有限造型的延伸，整体上营造出一种积极向上的饱满和气度之感。

尤其是，在壶体造型的转折构成上，在壶流和壶把的转折处会处理得具有力量感。粗细对比、大小对比过渡等，使人感到手持壶把倒水时，流与嘴部会有顺畅及向外喷张感。有一种从“由点到面再到点”的力度感。因为，只有这样，整体上，砂壶才能给人以一种活泼健康富有活力的意蕴。

（清）邵大亨制—大亨壶
（四海壶具博物馆镇馆之宝）

4. 圆通贯气，充盈包容

一把好壶要有一种整体感，这种整体感，是一种气息贯通感。壶的各部件与壶身主体在线条衔接上要做到准确、过渡自然。若在镶接安装各部位位置有偏差，则会给人以散气、断气之感。若各部位和谐精当，则整个壶气韵圆通，一把贯气的壶，则能百读不厌，韵味无穷。

一把壶贯气了，还要看是贯的什么气。作为紫砂壶艺术来说，尤以推崇健康向上之气。那种充盈包容之气，是造壶与爱壶者所共同追求的。也就是说，壶要做到具有像气球一样的充盈气感，在气感中又有沉稳的大肚量的包容感。因此，在各部件的造型处理上，壶口、壶颈、壶盖、壶的子母线、壶腹的收线等都是十分重要的方面。

5. 向上的精神与蓄势生机

古代相学上有："大凡观人之相貌，先观骨骼，次看五行，量三停之长短，察面部之盈亏，观眉目之清秀，看神气之荣枯，取手足之厚薄，观须发之疏浊，量身材之长短，取五官之有成，看六府之有就，取五岳之归朝，看仓库之丰满，观阴阳之盛衰，看威仪之有无，辨形容之敦厚，观气色之喜滞，看体肤之细腻，观头足之方圆，顶之平塌，骨之贵贱，骨肉之粗疏，气之短促，声之响亮，心田之好歹，俱依部位流年而推，骨格形局而断，不可顺时趋奉，有玷家传。"①此种论断当代来看，是否具有科学性，仍需要批判。但千百年来，这样的说法也是人们判断他人的一个参照因素。比如，一个健美的男子，他的身体是呈倒三角形的：肩宽、腹小、四肢躯干和谐。当他走上舞台展示人体美的时候，他胸脯饱满、肩膀宽阔，头略向上扬，给人感觉雄姿勃发，非常精神。紫砂壶造型中向上的精神体现，壶肩要饱满，壶的折角弧线要饱满有力。壶放在桌子上，要给人感觉所有的部件营造出来的是有一种向上伸展的精神，而不是像有些壶，壶流从根部下垂、壶把下垂，似乎整个壶就要散掉之感。

高振宇制—钟德壶

以紫砂壶习茶，要得正气，修养正气、清气，非懒散之气，更不是消极颓废之气。因此，在砂壶造型上，那种具有蓄势待发之气的壶，更能打动人心，具有"以器助茶，以茶修行"的魅力。

---

① 陈抟. 神相全编 [M]，第 6 页，北京师范大学出版社，1993 年 5 月第一版.

6. 壶艺风格彰显艺术家个性

（民国）吴德盛铭，范锦甫制—柿子壶

每一把壶看起来都无可挑剔，但两把同样造型的壶放在一起，总是有不同的感受。这种不同的感受，是不同艺术家壶艺风格的反映。紫砂大师常说："做壶如做人。"每一个艺术家，他对世界的看法，对艺术的理解都不同，通过多年的修为，个性的差异，在面对同一个造型时，用什么泥料，用什么肌理，各部件的大小方位的安排、细节的处理，等等，都有各自不同的手法。一个具有使命感和责任感的壶艺家，由他制作的壶艺作品，一定是具有鲜明的个人特征，所谓"功夫在壶外"，他不仅仅满足于技术的提高，更多的还是学养的提升，他具有高尚的情操、开阔的胸襟，有对艺术的大爱，对真善美不倦的追求。

随着你对紫砂艺术的深入探索，你会发现，一个艺术家真的能把自己化进壶里！人道与壶道，是那么的富有魅力，在方圆幻化的世界里，永恒的是那清净圆融的人性。

7. 养过的砂壶更精神

茶滋养壶，在茶人日日习茶过程中，壶慢慢发生着变化。这种变化会让壶具有一种"老味"，彰显含蓄古雅之气息。"润"可以描述经过良好养护过的茶壶之美。壶上如玉的包浆，是经受岁月的涤荡所留下的痕迹。"紫玉金砂"、"壶润茶香"，令茶人在视觉、嗅觉上体验到了以紫砂壶泡茶的

曹婉芬制—如意虚扁（俯视）

测壶的"三山齐"

测壶的壶把、壶口、壶嘴"三山齐"与壶把、纽、流嘴"三点一线"常成为购壶者选壶的一个参照指标

审美感受，由紫砂泥到玉的比德感受，更是表达了“习茶读壶可养性”的中华饮食文化之道。

紫砂茗壶艺无定法。似乎我们无论采用哪些赏壶论壶的文字都很难说清楚壶艺之美。一把壶美或不美，在比较中，我们往往更能发现它的美妙之处。作为艺术品的紫砂壶，其标准是极其难以描述的。

曾经有新华日报社的郑焱、孙巡、焦焕三位记者求教过徐秀棠先生关于紫砂壶及其行业方面的诸多问题。记者问道：“一样的紫砂壶，为何有的卖 10 万元，有的卖 5 元？”徐秀棠大师回答道：“用什么原料，有些关系。比如，用普通陶土和紫砂泥，肯定价格不一样。但价格相差不大，一把壶用料也就相差一两百元。但是，更多要看壶是谁做的，做的过程如何。紫砂茗壶，可以分成实用品、工艺品、艺术品。做壶的人，也能排出这样的金字塔。国内紫砂领域总共不超过 10 个大师，亲手做的壶一年不超过 100 个，而工厂里可以成千上万地烧。市场上没有大师壶。”记者又问：“壶好壶坏，有没有标准？”先生答道：“有人说，标准是造型是否完整，做工是否细腻，壶身光不光滑，壶盖严不严密……如果是实用品，我想可以的。但是，上升到艺术品，这个标准有时就是骗人！艺术很难有一二三四的标准。做工有缺陷，有时偏偏是精品。我在广东当过评委：一件景德镇泥人上有个裂缝，大家讨论两星期，认定不是次品而是一等品！我也反对给精品定标准。因为，我一讲标准，马上有人搬去造假了。现在，造假手段很发达，什么抹鞋油、回炉烧……”记者：“看来，买个真的大师壶太难了。”先生回答道：“我想，收藏紫砂壶不光是你有多少钱的问题，还要有对紫砂壶的鉴赏水平，是一种欣赏和把玩。你真的喜欢大师精品，也买得起，可以出手。问题是，现在紫砂壶又热起来了，很多人带着发大财的心思，像炒股、炒房一样去收藏紫砂壶，这是跟风，十之八九要上当。还是要带着感情去看待紫砂。你喜欢这个壶，不在于价高价低，它就是好东西，它也喜欢你。事实上，有些没有名气的作者，东西也不错。”

鉴壶如同鉴人，能分辨出一把壶的优劣及其所蕴涵的文化价值，需要鉴赏者具备丰富和深厚的学养。当你面对一把紫砂茗壶时，要有“主人公”的意识，时刻保持清醒与独立的判断，不应该听从他人的“眼前这把壶的传奇故事”、广告宣传与炒作之风，这是审美自主的体现。对紫砂茗壶价值的认识，更能体现出一个人的美学素养及文化的深度。

壬辰春日敬灵芽茶席

中华茶艺中紫砂壶选择探究

在茶艺与紫砂壶文化之关系中，目前流行的各类茶艺之中，紫砂壶多有选用，多以紫砂壶作为煮水用具或泡茶、煮茶之茶具。尤其是潮州的工夫茶茶艺，泡乌龙茶之壶具，历来就以宜兴出产的朱泥小壶为佳，其容量约为150毫升左右。具体的工夫茶具组合是：玉书碨、紫砂泥炉（用酒精灯或木炭为原料）或汕头风炉、（孟臣）紫砂水平朱泥小壶、品茗杯（若深瓯）、茶道组（包括茶则、茶匙、茶针、茶漏斗等）、茶荷、茶巾、茶船、水盂、奉茶盘等。

如何用紫砂壶泡好一壶茶？关于泡茶时间与茶类、水温、茶具及煮水燃料等诸种因素对茶汤品质的影响是非常重要的一个课题。在实际的泡茶活动中，无法用一个定式来确定，总的原则是尽量使所泡的茶汤每一泡的口感、色泽相同，浓淡相宜，把此种茶的最佳特点通过泡茶技艺展现出来。因此，泡茶之时，要考虑到所泡茶的干茶的密度大小（是疏松还是紧结），发酵程度如何，一壶茶准备泡几次，几人品饮，选择何种茶具等等要素。在这些不确定的因素之中，每一泡所用的时间都是不同的，已经有茶艺专家定量地探究了时间与泡茶次数的关系，泡茶之技艺，是科学与艺术的融合，绝非投茶冲水即可奉茶那样简单。

茶、水、器、火、技艺、环境等诸种要素，要能调和得好，非得是技艺高超，有道之人方可。有鉴于此，极易使人想到“技与道”的关系，只有对“道”能更深刻地理解，才能以“艺”来表达对“道”的理解，从泡茶技艺之中，不难发现饮食文化内涵中技术与艺术“调和”的魅力。

一、因茶择器——中国茶类及茶具特点

中国是茶的故乡，中国是世界上茶资源和茶类品种最多的国家。中国茶类至少分为基本茶类六大类和再加工茶类等。其中六大基本茶类主要包括绿茶、红茶、乌龙茶、白茶、黄茶、黑茶等。各种茶类的加工制作方法都不相同，因此茶性也各不相同。不发酵类的茶，茶性寒凉；发酵类的茶性温和，因此要根据自己的体质和身体状况选茶为饮。无论何种茶，品饮之时，尽量少喝过浓过烫的茶汤，以适口适量为宜。据不完全统计，全国名优茶多达千种，其中获得省级以上名茶称号的有五百多种。名优绿茶品种最多（产量占名优茶总产量的 80% 以上），其次是青茶和白茶，再次为黄茶，黑茶最少。

我国茶具种类繁多，各类材质各式造型的茶具世界驰名。古今中外，各国权贵富豪无不以拥有中国茶具为荣，而茶具中的宜兴紫砂壶、景德镇瓷茶具更为爱茶人士所追捧。茶具也叫茶器，最初都称为茶具。西汉王褒《僮约》中的“烹茶尽具”，指烹茶前要将各种茶具洗净备用。到晋代以后则称茶器。到唐代，陆羽《茶经》中采制所用的工具称为茶具，把烧水泡茶的器具称茶器，以区别其用途。宋代，又合二为一，把茶具、茶器合称为茶具。一般而言，狭义的茶具，主要指茶杯、茶碗、茶壶、茶盏、茶碟、托盘等饮茶用具。广义来说，是指与饮茶有关的所有器具。我国茶具发展最早，在原始社会，人们生活简朴，饮食文化不发达，还没有专门的茶具，饮食器具多为土罐、木碗等，且一器多用。进入阶级社会，食器有了发展，开始出现陶碗，逐渐演变才出现了专门用于贮茶、煮茶和饮茶的茶具。茶具的发展是中华民族食品文化发展的集中反映，也是陶瓷工业、制壶技艺和茶道茶艺有机结合的象征。

古代的茶具演变有一个漫长的过程，从无到有，从共用到专一，从粗糙到精致。发展到后来，依其用途不同，主要可以分为生火用具，煮茶用具，烤、碾、量茶具，水具，盐具，饮具，洁具，藏陈用具八类。根据质地的不同又有陶土、瓷器、玻璃、搪瓷、漆器、玛瑙、金属、竹木茶具等。陶土茶具出现于新石器时代晚期，由硬陶发展成釉陶，直到晋朝才较多采用瓷茶具，唐朝时以瓷壶（也叫注子）、瓷碗、白瓷为主要的茶具，宋代时黑瓷、青瓷、白瓷等较为流行，茶具的型制方面出现了茶盏（茶盅）、茶壶也由常见的莲花瓣形发展成

瓜棱形，元朝时景德镇青花瓷最为鼎盛，闻名于世，明朝时宜兴的紫砂陶土茶具又与瓷器争奇斗艳，名噪于世，此时的景德镇在青花瓷的基础上又创烧了“斗彩”、“五彩”、“填彩”等驰名中外的茶具。到清朝时，陶瓷茶具的生产到了空前鼎盛时期，形成了以瓷器和玻璃器为主的局面，朝廷内外多以瓷器为佳品。

现在，我国茶具仍以“景瓷”和“宜陶”广为人们所喜爱和使用。除了景德镇的瓷器、宜兴的紫砂陶器之外，福建德化、河北唐山、山东淄博、浙江龙泉等地的陶瓷茶具也非常著名，它们以其优良的宜茶性能和艺术审美性而受到了茶人的喜爱。

二、中华茶艺中选择紫砂壶的考虑要素

宜兴特殊的区位条件，天时地利人和，诸多要素促使天然紫砂矿土被制壶陶艺师选择了为茶而生，成为茶器。紫砂茶器的宜茶性在明时周高起《阳羡茗壶系》即载：“以本山土砂，能发真茶之色香味”，在 20 世纪 80 年代，国内亦有研究者作相关紫砂泡茶研究，得出了紫砂茶器的对激发茶性真实不虚。尤其是在 2011 年，由宜兴市政府委托江苏省陶瓷研究所有限公司从事的“宜兴紫砂材质的研究”项目所取得的成果，从科学的角度证实了紫砂茶器能够达到“透气不透水”的效果，泡茶茶水不易变馊的原因。①

依茶择壶，为一款茶找一把好壶来泡，是需要不断探索实践的。我们需要在泡茶的过程中比较分析，“以壶适茶，以茶养壶”相得益彰，找到壶与茶

① 2011 年 12 月 16 日江苏省陶瓷研究所和宜兴市陶瓷行业协会联合向社会发布“宜兴紫砂材质的研究”成果信息。这是第一次针对紫砂而进行的材料研究，由宜兴市政府委托江苏省陶瓷研究所有限公司具体实施。项目组以黄龙源公司提供的正宗黄龙山底槽青为标准进行测试和实验研究。该成果详细阐述了紫砂特殊性能形成原因，科学界定紫砂的 6 项关键特性（硬质黏土、原矿纯净、高可塑性、低收缩率、片状晶体和单独成陶），紫砂的 3 个特征：团粒、层状气孔和鳞状表面，能够达到“透气不透水”的效果，泡茶茶水不易变馊。证实了在紫砂原料中科学添加化工原料对人体健康不产生危害。项目组通过对当前紫砂原料生产中添加的铬、锰、钡、钴等金属离子溶出量的实验发现，过度添加二氧化锰、铬绿等化工原料，能够使紫砂产品的金属离子溶出量超过国家饮用水的允许上线。但用于改善紫砂器皿颜色的三氧化二铁因不溶于水，所以添加后对人体无毒。尤其是针对目前为减少紫砂器皿在烧成后局部色差较为常用的碳酸钡，项目组通过不同烧成温度后的二价钡离子的溶出量对比发现，在紫砂原料中加入 1% 以下的碳酸钡是安全的，同时烧结程度越高越有利于降低二价钡离子的溶出量。

紫砂壶试水试验：七寸注水不泛花

铭刻以梅花装饰的匏瓜壶（陈芳芳制）

的最佳配合。笔者的经验是，获得砂壶经过一番保养之后，用几类茶试壶，根据自己的经验，而决定此壶泡哪种茶，而后一直不变，做到“专壶专用”[①]。在为壶选茶和为茶选壶的过程中，你能够体味到“用心吃茶”的妙处。

从得到一壶好茶汤的角度作为思考原点，在茶艺中选择紫砂壶可以从造型、容量、工艺、功能、材质与茶类的配合中进行讨论。

从茶艺实践来看，选壶的“好用”、“顺手”要比“好看”更重视一些，当下的有些茶壶是为看而设计的。售壶的商家大部分都允许顾客在购买之前进行试水试验。这种试验主要是考虑出水流畅度，壶身与盖的密合度，壶把、壶型及壶的重量与自己的手形、力量的适合度等。

若是对一款茶的质量或不熟悉的茶进行试验或评鉴，也就是茶友常说的“评茶”或“试茶”，一般常用白瓷盖碗，感官审评茶香滋味较为敏锐直接。

1. 从造型和容量的角度看

在选用茶壶时，要特别关注壶口的大小、壶身胎体的厚薄、容量的多少、壶身的高矮、壶把的舒适与否、壶盖是否便于取放等要素。

从茶艺实践上看，造型简洁，壶把掌握便利，壶嘴出水顺畅有力，重量适度，投茶和清理茶渣都较为方便的造型多受到茶艺师的青睐。

从壶的艺术主题上看，壶与茶艺活动的主题能保持和谐一致，则较为适宜。比如，春天举行以“梅树下问梅品茶”茶艺活动时，就适宜选择梅桩造型的壶或以梅为书画、雕刻装饰的壶为茶具主角，可增添情趣。

从茶叶叶片大小及伸展情况看，圆形壶适用于冲泡大部分茶叶。圆形壶壁可任由水在壶里顺流而转，水与茶叶紧密结合，有利于激发茶性。叶片较大，也宜选壶口大些、壶身大些的，便于叶片展发和冲泡结束后清理。

从容量多少来看，可以根据茶叶品种、共同饮茶的人数、品茗杯的大小等作为选择紫砂壶容量的考虑因素。

大多数茶友都钟情于容量小的紫砂壶（容量在 100 ~ 200 毫升左右），因为，小壶便于试茶、品味，香气不涣散，壶的容量低于 100 毫升的壶，适合泡细碎、

① 胡付照．紫砂茗壶文化价值研究 [M]. 北京：中国物资出版社，2009 年 11 月，第 157 页．

嫩度高、叶片小的茶叶。大壶保温性较好，适合于多人共同品饮，尤其适合泡普洱茶、红茶，因有闷、热的特点，茶汤滋味更易体现出韵味。

（清末）孟臣款—朱泥笠帽壶（朱泥），胎质致密，乌龙茶适宜

冲泡绿茶，可选用的器型较大，一般多为300毫升左右，身筒矮，开口较大，以使绿茶能够在85摄氏度左右的温度下充分展现绿茶特有的清香和鲜爽滋味（茶汤鲜爽主要是因茶中的氨基酸的溶解，一般在70℃就能溶解出来，鞣酸和咖啡碱在此温度下也会逐渐溶解出来，水温太高，茶汤会过于苦涩。而茶叶中的芳香油则在高温下容易挥发，煮过的茶水会失去香味），冲泡绿茶时，不用加盖壶盖，2~3分钟后，再盖上壶盖倾出茶汤，用品茗杯品饮。

冲泡红茶，选用器型可大可小。但要壶口小、壶身高，红茶需要高温焖，选用这样器型的壶是为了使茶香更甜醇、滋味更醇厚。但需要注意的是，近年来细嫩红茶受到了茶友追捧，冲泡时应以80℃左右为好，不能久泡，也不宜闷泡。泡乌龙茶，选用的器宜小。器小香气不涣散，香聚而香味佳。

泡花茶，选用可同绿茶的壶，能够充分展现花香和茶香的复杂滋味。泡普洱茶，陈年乌龙茶，多选用口阔腹扁、胎质疏松的小壶。

黄玉麟制—鼓腹壶

壶口大，结合胎质特点，冲泡熟普适宜

从壶艺所呈现的气韵角度来看，古拙的壶适合泡重滋味的发酵度稍重的乌龙茶（如岩茶）、普洱茶、红茶等；清趣的壶适合泡重香味的绿茶、乌龙茶等；壶盖高的壶，似蒙古包穹隆状且壶唇高而薄的朱泥小壶，泡制重香气的乌龙茶，揭盖闻壶盖的香气，其壶盖的聚香功能不亚于闻香杯之闻香功效。

顾景舟制一大扁腹壶，器型身筒低矮，适宜绿茶

2. 从材质角度看

紫砂泥料主要包括紫泥、本山绿泥、红泥。以这三类泥料为基本原料，互相掺和或者和其他陶土配比掺和、拼配，创作出来的紫砂壶多彩多样。用不同的紫砂泥所制作的壶对茶汤的影响古人少见论述，但现代确多有茶人在经验的基础上有一定的总结。

如用高密度胎质的朱泥壶泡新的铁观音乌龙茶，与其他材质的紫砂壶相比较，茶香会优于其他紫砂材质的壶。紫泥材质的紫砂壶，泡新鲜的清香类茶，茶汤味道细柔甘滑，别有韵味，茶香稍欠。笔者日常泡茶实践表明，虽然很难定量地考量出不同紫砂材质的泡茶效果，但材质对茶汤、茶香的影响是肯定存在的。在和诸多茶友的交流中，也难有定论。在此，笔者希望有实验室条件测试的茶友，可做对比试验，进行科学验证，寻求紫砂材质对茶叶色香味的影响[①]。作为茶友，我们不妨对某一种特定的茶，用不同材质的壶来试茶，既得饮茶之趣，又得科学求证之态度，其乐融融。

3. 从工艺功能看

（1）从烧成程度来看

烧成程度影响茶汤的散热速率。从烧成上看，壶大致可分成散热快型和散热慢型两种。一般而言，壶身矮小、壶口大的壶散热较快，壶身高、壶口小的壶散热较慢；壶胎质密散热慢，胎质疏松的散热快；大壶散热慢，小壶散热快；古壶散热快，新壶散热慢。

蒋琰滨制一金瓜提梁（段泥），器型身筒扁圆口小，沏泡红茶适宜

从香气与滋味的角度看，壶胎体致密的，对发茶香有益；胎质疏松的，对出味有利。而如何处理好茶汤滋味与茶香之间看似矛盾关系，使茶在茶具中冲泡达到最佳点？笔者

① 本人做过对比试验，同样造型的壶，把壶内的茶汤水甩干，晚上睡前放置在书房，经过约8个小时，第二早上，会发现胎质疏松的壶里面无水痕，而胎质致密的壶还是潮湿的。

认为通过制壶艺人对紫砂泥料的拼配和不同温度的烧造，特定的紫砂壶一定能够找到最适宜泡的那一种茶叶。

从紫砂壶的胎质密度来看，高密度的壶热传导性能好，比较容易激发茶叶的香味，适宜泡清淡风格的茶，如绿茶、花茶、红茶或白毫乌龙茶等，其茶香不易被壶胎吸收，茶汤显得特别清冽；一些清香类中发酵程度比较低的茶叶或看重茶香的，应选择高密度烧结度较高的壶。红泥类中的朱泥壶因烧结程度较高，适合绿茶类及轻发酵的包种茶类等清香、活性较大的茶叶，少部分朱泥壶胎质中的颗粒比含量较大、烧结度相对较低的，可以根据其特性选择泡半发酵茶中发酵度重的和发酵类的茶。

低密度的壶保温性能较好，适宜泡香气低沉、滋味厚重的茶，陈年老茶也适宜，如凤凰单丛、凤凰水仙、普洱熟茶等。低密度的壶气孔率高、吸水量大，泡好茶后，嗅其壶盖内部则可闻到醇厚的茶香，可以极好地发挥茶的喉韵。

紫砂壶的音频高低过于极致，都不是很好。音高如瓷，散热性差，茶叶容易熟烂；音低如瓦片，则对茶叶的发茶性不够，甚至会带有土涩味。

从视觉上看，分辨紫砂壶的烧成状况。一般而言，烧成欠火的紫砂壶胎质疏松，特别是一些绿泥类、段泥类的材质，使用后表面会有洗不干净的"吐黑"现象。在壶体表面洒少许清水，若水很快地被壶体吸收，并且留下明显的水渍印迹，表明壶体烧结不足。烧成过火的胎质表面会呈现出一种金属油光以及小小的爆裂、毛刺等痕迹，严重的甚至会产生变形、起泡等缺陷。烧结程度比较适宜的，用壶盖轻轻摩擦壶口，或轻轻敲击壶身，声音短而悦耳者为好（当然，不同的泥料、器型大小、敲击方法等发出的声音差别很大，这方面还需经验，不可贸然为之，尤其是对于好壶，不能敲击，用壶盖摩擦壶口即可辨声音，以判断烧成的火候）。

从听觉上看，分辨紫砂壶烧成后的吸水性能。把热水加入干燥的壶中，从敞开的壶口倾听壶体吸水时泛气泡的声音。由于材质及烧结程度的差异，气泡的声音一般会持续数分钟至十多分钟不等。

灌浆壶、烧结度大的壶吸水性能较差。用泥浆调制的泥料做成的壶，烧成后胎质致密坚硬、玻璃相重，表面光亮，基本看不到砂质颗粒的色泽变化，用盖敲击壶身，声清脆，如同敲击瓷器。此类壶，冲入热水后，一般不会听到胎质吸水的气泡声，而会听到微细的似陶瓷裂变的应力变化声音。有些添加了过量化工料的紫砂壶，胎质较密，即使长时间泡养也无明显变化。

普通陶土类材质一般烧成后胎质比较疏松，色泽不润洁，表面比较干涩，有明显的吸水性，敲击时音粗而韵短如瓦罐。这类壶尽管有吸水声，但一般吸水会比较快，并且在热茶水冲淋之下壶体光泽无明显变化。

纯正的紫砂材质做成的壶，具有胎质颗粒自然，色泽温润的效果。若采用石英砂、缸砂等调配，烧成后颗粒突兀，排列无序，色调黯然。纯正紫砂材质给人手感舒畅，细而不腻有如摸豆沙的感觉，并且手汗也同时会在壶表面留下一定的印迹。纯正紫砂材质的壶体遇热水冲淋处砂质感明显，壶体颜色会变深，冲淋后的壶体和常温下的壶盖会有明显差别，壶体表面会泛出光润的色泽。

（2）古壶泡茶的魅力

一个时代的壶具有时代的特点。民国之前的紫砂壶应当视为古董。至少在 20 世纪 70 年代以前的紫砂壶都是以人工练泥，采用传统手工工艺制作，由于所开采的矿土也有所不同，经过数百年的变化，古壶的胎质与今天刚烧造出的新壶肯定有所不同。1999 年 12 月 10 日至 25 日，天津市艺术博物馆举办了“紫砂传承精艺特展”，展示了台湾集玉坊主人李经和傅英书伉俪（研究茶艺及紫砂壶收藏 20 余年）及其他几位台湾紫砂收藏家的藏品。著名作家冯骥才先生与李经先生曾针对紫砂古董的保持脏旧古老的原样与修护保养使用的问题有过精彩的对话①。李先生认为，古文物的修护与保养还其如新与否，应该以此项古文物的特性是否适合修护与恢复来作决定。紫砂器原本就属于集实用与欣赏于一身的文物，年代久远的茶垢脏污附着于表面，遮盖了它的本色，自然应该加以清除，才能加以断代欣赏。紫砂器有越用越新、越用越结实的效果……紫砂壶年代久远都不使用的话，它的胎体组织容易松散风化变得脆弱，若经过泡茶使用，透过茶水滋养，可以使松散的组织重新坚固起来，更能使紫砂壶保存的年代长长久久地永续下去。经过整理保养的紫砂古物，因为土胎的时代标识，做工的方法，时代风格的线条，在表面干净的情况下，更容易辨识其古老的风格。

在展出期间，还对历代紫砂壶泡茶效果的差异进行现场比较品尝体验。结果表明，不同年代制作的紫砂壶泡茶效果确实有所不同，同时人们也领悟到，

① 罗文华．趣谈中国茶具 [M]. 天津：百花文艺出版社，2005 年 1 月第 1 版，第 145-146 页．

这种或明显或细微的不同泡茶效果，只有用紫砂壶才能体现出来。①

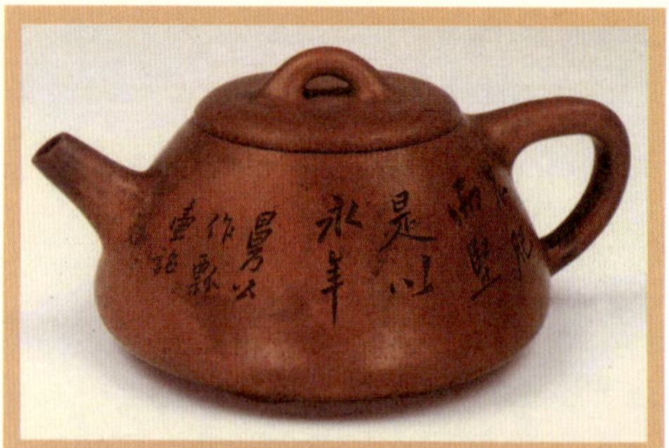

（清代）曼生壶之石瓢

台湾傅英书女士在谈到用古壶泡台湾乌龙茶的体会时说："古壶泡茶比现代壶更好喝，劲道也比较强，喉韵很深，茶水也软，现代壶这些方面是达不到这么好的效果的……事实上茶叶是一样的，只是经由不同的壶泡出不同的味道而已"②。

用古壶泡茶，对重滋味的茶来说，应该好于现代壶，但因茶叶种类极多，涉及具体茶叶品种，则又有所不同。这是一个崭新的课题，希望能有学者深入研究探索。

另外，对于有些古壶上所具有的别具意义的包浆、土沁等，仍以维持原状为宜（笔者曾见到过海底沉船中的壶，有的壶上还有贝类生物生活的轨迹在壶身上），毕竟它们都是时间的轨迹。

现代，采用传统技法制作的壶，仍是茶人壶友们竞相收藏的对象。

世界各地的茶人壶友在择壶泡茶实践过程中，不断探索这些影响茶汤风味的不确定因素带来的效果，也许就因为难以确定，也带来更多的茶与壶的乐趣。实践是检验真理的唯一标准，拥有诸多泡茶佳器，若想了解每一把壶与茶的匹配度，你只有积极地以科学的态度亲自泡茶实践，才能深入地了解茶与壶的亲密关系。

另外，学界可能有人对紫砂壶的误解，片面地认为紫砂壶不适宜泡绿茶等不发酵或微发酵茶（也许是紫砂壶有盖会闷，不便于观"茶舞"之缘故吧），误导了不少茶人壶友，是为遗憾。

① 罗文华．趣谈中国茶具[M]．天津：百花文艺出版社，2005年1月第1版，第138–139页

② 傅英书．紫砂收藏的学问[M]．北京：蓝天出版社，2005年1月第1版，第114–115页．

紫砂壶“养壶说”文化价值探究

宜兴紫砂壶的宜茶性、宜于把玩和宜于欣赏品读的特点，使得天下爱茶爱壶之人手不释壶，以玉喻壶，把温润的玉和紫砂相提并论，受到人们的追捧。美玉可“盘”，那如玉之紫砂壶可“盘”否？当然可盘，且以茶汤、净手养育为善。养壶文化由来已久了。作为茶具，其特有的养壶文化是有别于其他材质茶具的。

作为世界陶都的宜兴，具有七千年的陶文化发展史。经过宜兴制壶艺人的代代相传，“一土二火三细工”抟土成器，宜兴特有的手工制壶技艺，成就了紫砂壶由矿泥到器物的转变。而人们对壶的使用，则实现了壶的功能，激活了壶之所以为壶的天然本质；以茶养壶之说，则体现了器物存在的文化价值。

一、养壶说体现了中国饮食文化以味为核心的审美追求

作为一件毫无生命特性的普通工艺美术品，它经过了火的洗礼，从窑中取出往往带有“燥气”和“砂土之味”，生气未发，壶韵隐藏。只有经过了茶人的使用与悉心的养护，紫砂壶特有的“润玉”光泽才能显现，一件彰显活性的宝器才有了气韵。其特别之处在于，砂壶可“蕴玉生香”，即是经过长期泡茶使用，壶体能够散发清淡的茶香，用清水泡空壶，也可得茶香。壶也越用越温润可人，如“美玉”。而其他材质的茶具则多不具备此种特点，也不需

要经过像紫砂壶这样的养护。在明代周高起《阳羡茗壶系》[①]有:"壶经用久，涤拭日加，自发闇然之光，入手可鉴。此为书房雅供。若腻滓斓斑，油光烁烁，是曰'和尚光'，最为贱相。每见好事家藏列颇多名制，而爱护垢染，舒袖摩挲，惟恐拭去，曰:'吾以宝其旧色尔。'不知西子蒙不洁，堪充下陈否耶?以注真茶，是藐姑射山之神人，安置烟瘴地面矣，岂不舛哉。"他对古壶使用的建议是清除旧尘古迹，并以适宜的方法养护才可得砂壶之神韵。

高振宇制一金鼓壶（经沏泡养壶，含蓄内敛，若古金铁，颇具老味）

无论用什么方法"开壶"（新壶第一次清理泥土气味和杂质等）、保养茗壶，主要目的还是使茗壶能够得到最佳的滋养，壶体散发出茶香滋味，而经过多次的使用之后胎质发生对茶有益的变化。对茗壶的养护，最终还是肯定了茶人对茶味的追求，也反映了当代中华茶艺文化的主流是以"味"为核心的泡饮之道。

二、养壶说是江南饮茶文化兴盛的结果

自明代以来，泡茶法成为中国人饮茶方式之主流，尤其是壶泡法在江南已成为主要的泡茶饮茶方式。江南茶饮的习惯是清饮，即一壶或一盏（杯）茶中只有茶和水，尤其是文人雅士重视精神享受的茶饮更是如此。江南民间有在茶盏中加入少许炒青豆或橙皮丝，或青橄榄三两枚，则是民间茶饮的一种方式，而即便是这样的混饮，在紫砂壶中加入各种配料的饮用方式却并不被茶人推崇。

当下各地奉行"原味"饮食思想的茶友们，更是基于对紫砂壶益于茶，茶性不可污的认识，一把壶泡一种茶，严格区分，以求茶之真味。由此，如何保养茶壶，如何使壶能真正激发茶之原味而不受干扰，茶友们不断总结各

① 高英姿注．紫砂名陶典籍 [M]. 杭州：浙江摄影出版社，2000 年 7 月第 1 版，第 9 页．

无锡茶友用朱泥壶沏泡红茶（清饮方式）

种养壶之法，以求紫砂壶类玉的温润之效①。从全国范围看，紫砂壶是泡茶佳器的认识已成为人们的共识。茶友们对养壶效果的追求，客观上也影响了当地原有饮茶法及其饮茶习俗的变迁。

三、以茶养壶、净手把玩对壶品质变化有益

在茶事活动中动态地使用紫砂壶泡茶，比静置观赏更有益于砂壶胎体结构的变化，更能体现养壶文化中人与器的动态关系，彰显出紫砂壶作为器物的文化价值。紫砂茗壶若长期不用，它的胎体组织会缓慢地松散风化变得脆弱，胎质疏松，这从古代流传下来的陶器即能看出。

① 在茶友养壶实践中，也有喜爱泡“百家茶”来养壶的，壶的色彩和养护的结果都非常好。但笔者认为，紫砂壶胎的吸附性强，频繁地更换茶叶，对所泡的茶汤还是有影响的。由此看来，你是重视喝茶的过程，还是养壶的结果，这都无可厚非。茶友中也常有“一壶事一茶”和“泡百家茶”共同玩味的特点，也许就是茶与壶文化的深邃，才令人痴迷，乐此不疲。

紫砂壶若经过泡茶使用，通过茶水滋养，可以使其松散的胎体组织重新坚固起来，更能使紫砂壶保存的年代长久地延续下去。因此，如何用茶水滋养爱护好茶壶，则是茶人壶友们非常重视的问题。长期以来，茶人壶友们对紫砂茗壶中养壶文化的探索对人们如何保有或增加紫砂茗壶的价值有着积极的意义。

四、重视养壶是人们重视审美艺术，赏玩茗壶的必然结果

紫砂壶益于泡茶、储存茶汤、调和茶汤滋味已经成为不争的事实。紫砂壶的无釉本色材质所带来的触觉体验，非其他材质的茗壶可以与之媲美。一个对茶事活动有癖好的人，在一次又一次的茶事活动之后，作为物质状态能长久留下来的茶壶自然是茶事活动中不变的角色。

在茶事活动之中或结束后，细细回味茶之余韵，用手掌摩挲如同滑糯“孩儿面”、朴拙如“鱼籽”的砂壶，细品壶之造型、壶之线条，壶之美学意蕴，则能使人进入一种微醉的神游之境，这种心理美学体验，也必将使茶人对紫砂壶如何能更好的展现类玉的特点而有所追求。

一把茗壶，或清供案头伴读，或供于几案成供品，或陈列于书房内室的多宝阁中品鉴，凡此种种，作为艺术品的“把玩之物”，紫砂壶的可把玩性，受到了越来越多的朋友们喜爱。茶人壶友们以品茗雅事相聚，探索养壶之法，自然成为一个被人津津乐道的话题。

五、用壶泡茶，品饮茶汤，悉心养壶，成为家庭生活中的一部分

由于生活节奏的加快，现在江南人的饮茶习惯中，使用一次性的杯具（常为塑料的、纸质的）泡茶已经成为多数人家待客的选择。不可否认，这些一次性杯具有自己的优点，如方便、卫生、便于清理等。而使用紫砂茗壶泡茶和品饮，则具有诸多的一次性杯具所不具备的优势。

江南人家几乎每家都有几把紫砂茗壶，然而笔者发现能够“不嫌麻烦”地用紫砂茗壶泡茶的当代江南人，却真是不多了。在近年来的“国学热”的潮流之下，好古风雅之事，在江南也渐有复古流行之态。在日常生活中，您不妨试着用紫砂茗壶泡茶、品茶。一家人围坐在一起，交流感情，享受天伦

之乐，以舒缓当代快节奏的紧张生活。坚持用传统泡茶之法饮茶，还营造了一个良好的文化氛围，对下一代的成长极为有利，在这种生活方式之下，孩子从小学茶艺，接触各类茶文化相关的知识、茶艺器物，比使用一次性的杯具或不需刻意养护的普通玻璃杯、瓷杯饮茶增添了更多的乐趣。

六、壶艺之美，带给赏鉴者更多的审美体验

紫砂茗壶的艺术美学已经成为当代茶人壶友痴迷于它的主要原因。紫砂壶所具有的抚慰心理的功能，已使许多“壶痴”、“茶痴”视其为“心理医生”。尤其是当自己遇到烦恼或不公正的遭遇之时，品读茗壶，品味茶汤，是排遣心中块垒的方式之首选。用手轻抚壶体，口咂香茗，体味茶香壶韵，在物质与精神体验的共同作用下，心情恢复到舒畅、娴静、快乐而知足的状态。在长期使用玩赏的过程中，壶经涤拭养护，渐生如生灵般之光泽，具有特别的肌肤触感，其“零距离”的心理抚慰之效用，是远远超过与冰冷的玻璃和冰清玉洁的瓷器的触感的。甚至还有喜欢中医按摩的壶友总结了壶的部位挤压手部穴道的养生之道。紫砂茗壶的亲切之感将更长久地影响茶人壶友的快乐心情，远远大于单纯的感官娱乐的满足。

七、养壶过程中，激发了养壶者的惜缘、重视情感的性格元素

在追求高效率、高消费的现代化生活大潮中，现代机械工业对人的异化，人们生产“器物”已毫无内心喜悦而言，人们重复着毫无创造喜悦的动作，在肢解了的物品零件中获得了“讨生活”的物质生存基础。在物欲的膨胀和激烈竞争中的孤独、紧张、失落和空虚感不仅侵蚀着人的身体，也造成心灵的创伤。使用紫砂茗壶，采用传统的方式饮茶，寸柄之壶，盈握于手，经摩挲赏玩，品味铭文，拿捏斟泻。长期以往，壶则温润如玉，彰显形神气态之美，朴实自然。通过紫砂茗壶养护文化派生出的文化价值可以缓解现代工业文明所带来的种种不利因素。

当今快餐文化盛行，方便的液体瓶装或罐装饮料成为当今人们补充水分和能量的普遍选择。而用紫砂茗壶喝茶，常被年轻人视为落伍和不讲效率的生活方式。而人们选用一次性杯具或瓶装饮料在饮完之后，基本上就是随手

丢弃了，人与器物的感情也就到此为止。而长期使用这样的器物，会在潜移默化之中使人心理产生无情、冷漠的感觉。在当代以追逐物质文明为主流的文化中，年青一代头脑中多存有“可以再买”的想法，进而理所当然地成为“用后即丢”文化的追随者。这和中华民族传统的“用物惜物、物尽其用”的生活习惯是相悖的。

而用紫砂茗壶饮茶，除了要小心碰碎之外，用心地照顾壶内的茶叶或拭去壶表面的水渍都需要情感的付出。尤其是饮完茶汤之后，对茗壶的里里外外的科学保养，直到放置通风干燥处的阴干，都充满了情感。这样，长期以往，能够使人对器物生发感情。对无生命的器物都如此，以养壶而生发的移情作用，作用于人际关系，更显示出了养壶对泡茶之人的爱人、惜物、热爱生活之情。体现了人与人之间，人与物之间要珍惜缘分；要相守（尤其是针对目前社会上流行的一次性用具流行的现象，有“惜物克俭”、“守护传统”的回归）；要有耐心；要持之以恒；要专注；要重情感；要有责任感；要注重沟通与交流的文化。

八、好壶佳器，具有玉器的“比德”之美

古朴、含蓄、精巧、文雅的紫砂壶之美学意蕴令人痴迷。养护佳的紫砂茗壶温润如玉，自然也就拥有“玉德”。中国玉文化具有十分悠久的历史，玉文化在原始时代晚期已经形成，但是处于玉文化发展的初期，带有深重神秘的原始宗教崇拜信仰的色彩。从商周时期开始，中国的玉文化逐渐步入了道德化、伦理化、人格化的“玉德”时代。“玉德”时代来临的契机，与和阗玉传入中原有直接的联系。和阗玉温润的质地和光泽，带给当时人们全新的感受，并逐渐演喻为君子的德行和人格。到了春秋战国时期，以孔子为首的儒

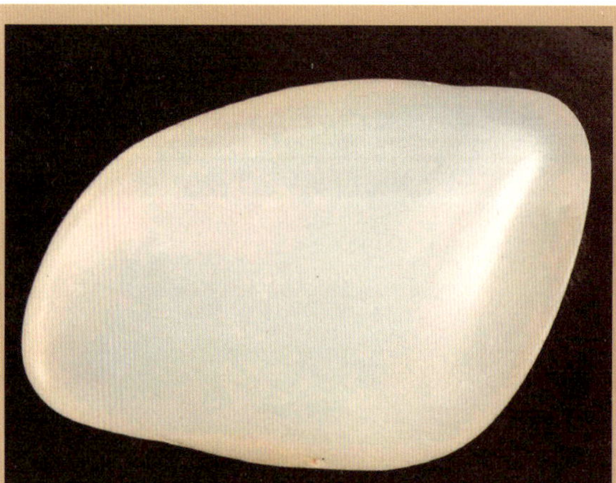

羊脂美玉

养护如玉的朱泥葫芦小品

家，明确地提出了“君子比德于玉”的思想，以儒家的思想道德观念来附会玉的质地，从而将中国的玉文化条理化、规范化、系统化，最著名的是孔子提出的玉有十一德之说[①]。在其后的玉文化历史的演变中，“玉德”又有九种、七种、六种和五种之说。孔子在《礼记·聘义》中回答弟子子贡关于“君子贵玉”的问题时，总结了玉有十一德：仁、知、义、礼、乐、忠、信、天、地、德、道。管子提出了玉有九德：仁、知、义、行、洁、勇、精、容、辞。荀子在《荀子·法行》中引孔子答子贡的话，但精简为玉有七德：仁、知、义、行、勇、情、辞。汉代刘向《说苑·杂言》说玉有六美：比德、比智、比义、比勇、比仁、比情。汉代许慎在《说文解字》中将玉德概括为五德：仁、义、知、勇、洁。在《礼记·聘义》中，孔子说：“夫昔者君子比德于玉焉，温润而泽，仁也；缜密以栗，知也；廉而不刿，义也；垂垂如坠，礼也；扣之，其声清越以长，其终诎然，乐也，瑕不掩瑜，瑜不掩瑕，忠也；孚尹傍达，信也；气如白虹，天也；精神见于山川，地也；圭章特达，德也；天下莫不贵者，道也。诗云，言念君子，温其如玉，故君子贵之也。”美玉所具有的“仁”、“知（智）”、“义”、“礼”、“乐”、“忠”、“信”、“天”、“地”、“德”、“道”是人的才智和美德等理想化人格的象征，自古就是中国人追求的理想人格的典范。

而茶人壶友通过自己对砂壶的“呵护”和“养护”，日见砂壶变得温润可爱起来，虽如珠似玉，却不失质朴之心。在闲适、清静的氛围之中，享受品茗养壶的之乐，从不经意处体悟到“养吾浩然之气”的意趣，于无形之中增强了饮者对生活及事业的自信心，提升了美学文化修养，通过日日与“砂壶玉德”的比照，使精神不断成长。

九、日日习茶，用心吃茶，养壶即是养性

因缘和合，一把特定的紫砂壶成为你日常饮茶之伴侣。我们以何心吃茶？当是用感恩心、清净心、慈悲心、爱心、无常心、真诚心吃茶。那承载着茶汤的壶，需要用心爱它，养护它吗？结论是肯定的。日本的江本胜教授在《水知道答案》中详细介绍了水对所贴标签上的具有不同含义文字的“感知”，凡

① 高丰．中国器物艺术论 [M]．太原：山西教育出版社，2001 年 1 月，188–190 页．

是善意的文字（无论何种语言），水的结晶都呈现出美丽的图案，而恶意的文字则反之，虽然此实验结果科学界存在着争议，但值得我们深思。当然我们也很难从当下的科学手段检测出紫砂陶土是否会感知善恶，但壶内储茶水，泡茶饮茶之人若以善念而为之，不仅是修身养性之需要，也会促进壶的温润和茶汤的美味。

结语

紫砂茗壶文化中所蕴涵着的独特的养壶文化，是茶人壶友们珍惜茶缘（茶汤总有饮尽、味淡、汤冷之时），爱惜壶缘（紫砂茗壶是易碎品、尤其是因各种失误打碎了壶盖，无论如何制作也难有原配之魅力——无法找到同一块泥坯、同样的烧成以及制壶者一气呵成制作而成），看重人缘（珍惜人与人之间的缘分），珍视生命、热爱生活的综合体现。

紫砂茗壶作为工艺美术品，功能性和艺术性能从物质和精神上双重作用于饮茶者，紫砂茗壶带给人们与一次性茶具（用完即扔，且有塑料、纸的味道）的感觉完全不同。不同泥料的紫砂茗壶泡茶具有不同的效果，紫砂茗壶能够日积月累地暗暗沉寂，以茶滋养壶身，彰显壶韵。茶人以茶艺修身悟道，通理得趣。种茶、采茶、制茶、泡茶、品茶；开矿、练泥、制壶、养壶。茶道、壶道乃人道也。

读壶游美

DU HU YOU MEI

以有形之器来表达艺人之思，是一件既需要技术又需要天性的创造之事。然而五百年的紫砂壶艺，已有方圆多变的造型，于当下而言，创新谈何容易？我们在紫砂商品城中不难看到各种各样的所谓创新之作，然而，你若再多端详审视一会儿，似乎不难看出，一把壶的壶身、壶把、壶盖、壶纽、壶流、壶嘴、壶脚的部件如同一个机器部件，被有些追求创新的所谓艺术家们胡乱地装配起来，放在精致的包装之中。这些丑怪之壶是不能代表紫砂壶艺术的，尤其是有些壶，因为制壶者对材质的滥用、造型的胡乱发挥，称其为茶具尚可，却与「紫砂壶」越来越远了。

我们期待与艺术的紫砂壶邂逅。

壶中有大美。

静心，与壶对坐。

静默。

用心交流。

游美于壶。

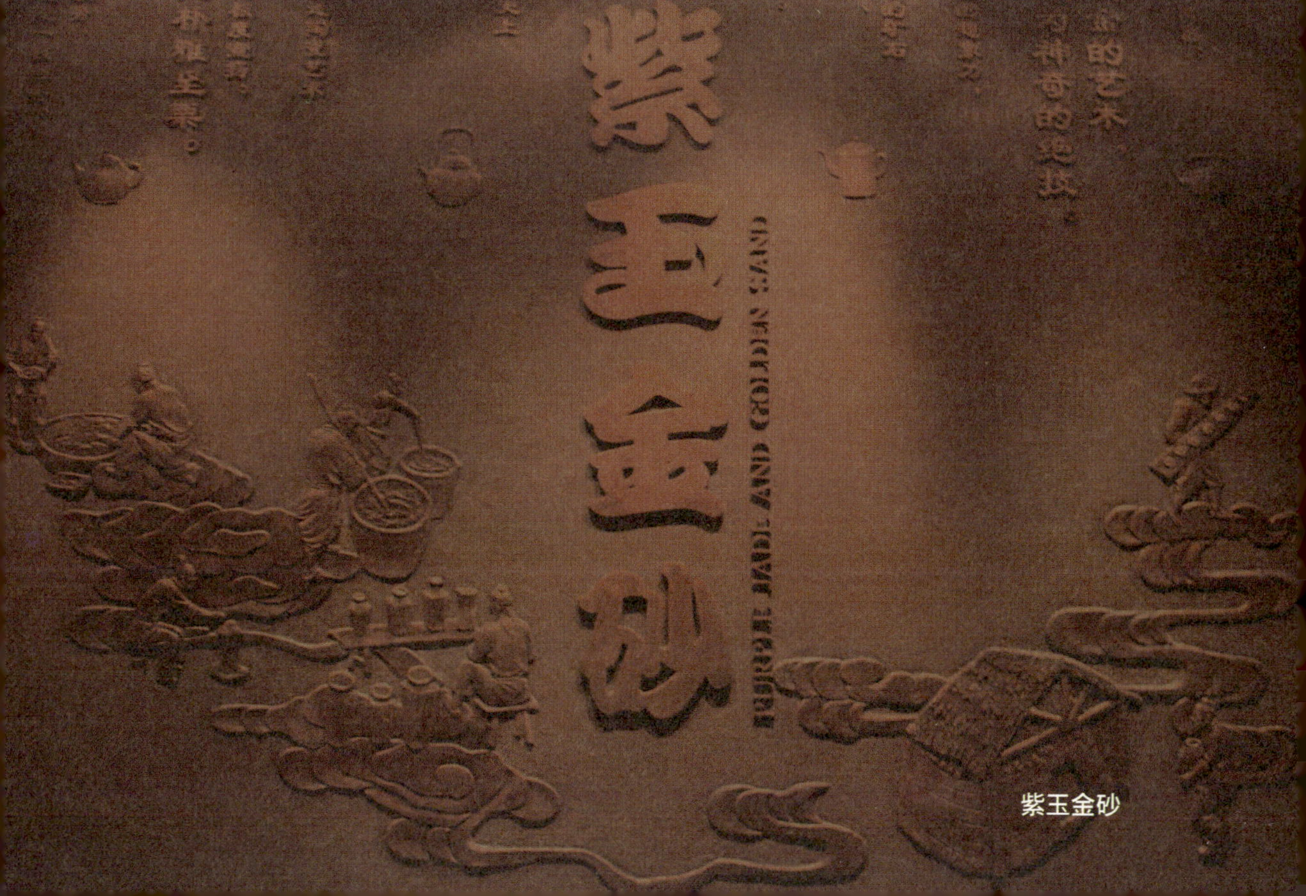

紫玉金砂

德清俭素　儒雅中和

——邵大亨制钟德壶

与壶有缘之人，若有缘遇见此尊宝器，定能心生正气，肃起恭敬之心。如此造型的砂壶，其称谓大致有德钟、钟德、德中、中德之名。究竟哪一种称呼才是正宗？当下壶界尚未有定论。宜兴紫砂壶的命名，尤其是一些传统壶式，同一壶式其名之多，亦令痴壶者迷。面对壶名，“曲解”其意，似乎也有味外之味，隐隐彰显中华语言艺术与文化内涵的博大。

此尊大亨德钟壶，泥色纯一，庄重儒雅，质朴大度，沉稳周正，圆润涵光。壶身造型取自“盅”型，圆型平纽与器身形似，直流、耳型鋬，有清正直谏君子之风度。壶肩线条圆转，过渡极其自然，鋬流根部与肩线自然结合，各自延伸化转，呈疏朗大气之韵。静默交流，心生如此之叹：“涵光华于朴厚，寄风雅于平常，此尊宝器乃我中华谦谦君子之化身也！”

邵大亨制一钟德壶

中华文化，以儒家为主流，修身立德，兼济天下。艺人以手抟器，心手相合，以器载道。窃以为，此尊宝器以“盅”字为创意心源，而不辨“钟”型，何为？《辞海》：“盅，器皿空虚。《说文·皿部》

引《老子》：‘道盅而用之’。另一含义是指杯类。”面对此壶，我们空去鋆流，不难发觉与今之“圆盅”器型相似。以圆整周正、以内心虚空之器为创意，不是追求以正器示道吗？“水为茶之母，壶为茶之父”，器以虚空俭素之心容天下之茶，当此，必为君子所为。造器者何人也？其人君子乎？邵大亨，其人真君子也！

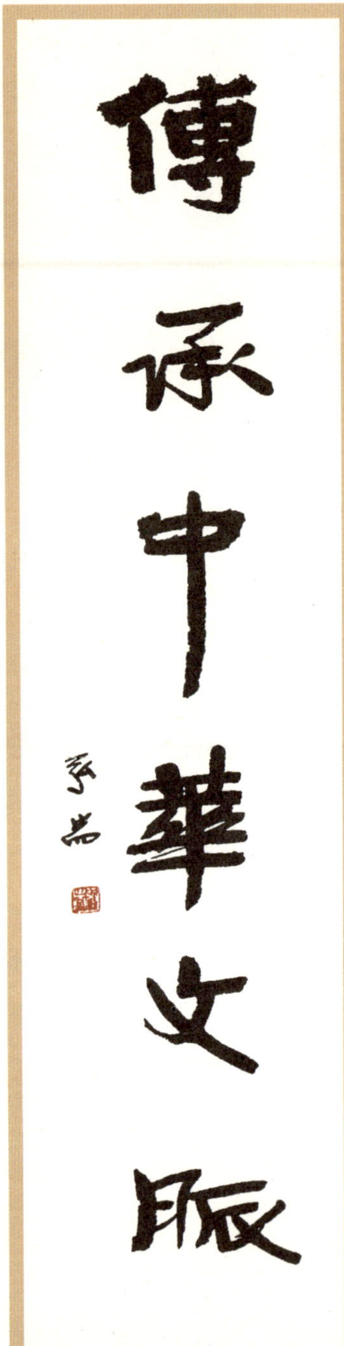

弘嵩先生书法—传承中华文脉

邵大亨，清嘉庆道光年间人。出生于宜兴上袁村，是继时大彬、陈鸣远之后又一紫砂技艺达高峰者。据《邵氏宗谱》记载，邵大亨性格孤傲，平日里“每游览竟日或卧逾时，意有所得便欣然成一器，否则终日无所作，或强为之不能也”。又有“雅善效古，每博览前人名作，辙心揣手摩，摩得者尊如供碧。其佳处力追古人，有过之无不及”等。从中可以看出，大亨具有自由之心性，善承传统，是勇于创新的清雅艺人。据紫砂文献记载，他性情刚直，不畏权贵，即使被县令锁在制壶的泥凳上也不屈服，不作一壶！因此，紫砂泰斗顾景舟大师在《宜兴紫砂壶艺概要》中云：“经我数十年的揣摹，觉得他（邵大亨）的各式传器，堪称集砂艺大成，刷一代纤巧糜繁之风。从他选泥的精练，造型上审美之奥邃，创作形式上的完美，技艺的高超，博得一时传颂，盛誉之高，大有‘前不见古人，后不见来者’之概。”

钟德宝器，素雅纯一，温润涵光。君子当珍之，以有为之心，修有为之业，德行天下，兴我中华。

花开吉祥　人天祥和

——顾景舟制云肩如意壶

此尊宝壶以微开的莲花壶纽惹人眼目，云肩披壶，宛若观音示人，以微笑中透祥和高贵之气。

顾景舟大师的这套《云肩三足如意纹鼎壶》一壶二杯，曾刊于《紫砂风云》

顾景舟制—云肩如意壶

著作。1954年，正值壮年的他创作了此套茶具。细观此壶，此壶壶式为一鼎状，创意取自青铜器三足圆鼎。壶身扁圆鼓状，壶流呈管状微曲三弯，稍收壶嘴，蓄势待发。壶把以环形流畅造型末梢收于壶身。壶身下有三只外撇状三足，呈鼎式。直颈上装饰以回纹，压盖，盖面饱满与口面密合，壶盖凸起，盖沿亦饰以回纹与壶颈呼应，寓意有富贵绵延不断之意。壶肩上堆塑云肩纹连续图案，图案上缘有一凸起装饰圆线环绕壶肩。壶把起处及壶流底部分别对称装饰如意纹，与云肩纹自然暗合，过渡巧妙。全壶气度雄浑凝练，技艺精雅而工致，既有青铜器之古韵，又显时代装饰精巧之风，彰显精、气、神、韵之美。

顾景舟制—云肩如意壶（局部上视图）

此壶装饰尤显云肩如意纹节奏之美。据服饰文化发展史载，云肩是从隋朝以后发展而成的一种衣饰，是汉民族吸纳外来服饰文化，融会贯通，升华入化为己的民族服饰的结晶。其最早见于敦煌隋代壁画中的观音菩萨之肩。在隋唐时虽披在外来的菩萨肩上，却与本土文化道家思想关系密切，虽然来自外来民族服饰文化，却由于崇拜天的意识内因，化为我用，从而成为“天人合一”空灵恢弘的民族服饰文化典范。

如今服饰上的云肩披在了紫砂茶器上，在此壶上装饰于壶肩的云肩如意纹，云头顶端垂向大地，亦称之为“垂云纹”，它与外撇的壶足线条一致伸展发散，与笠形壶纽上所雕塑的向上伸展微开的莲花形成艺术的对比，使整个壶式呈一种向上伸展之气韵，给人以振奋之感。

此壶造型取自青铜三足圆鼎，圆鼎初为食器，亦为祭祀之器，可通天地神灵，乃有灵气之宝器。以此器化为茶器，以茶养生，“七碗吃不得也，唯觉两腋习习清风生”，连绵相接的云肩如意纹寓意天人合一，吉祥如意。此壶具象与抽象，器形与神韵兼备，内涵与器物和谐一致，壶杯一套，拥有者定能事业圆满通达，万事吉祥如意，人生欢喜得福。

素面素心　心灵有约

——顾景舟制子冶石瓢壶

“人间珠玉安足取，岂如阳羡溪头一丸土”，吟诵着清人汪文柏的《陶器行赠陈鸣远》的诗句，我们把目光停留在了小桥流水的江南春色里。这是一尊原矿紫泥的由顾景舟大师所制的砂壶力作——子冶石瓢。作为传统器形的石瓢壶，我们面对它似乎很难激动，因为这种传统壶式的造型太寻常了。但是，当你把一尊散发着严谨气韵的砂壶放在一桌子的石瓢里面的时候，您就会被这一把所感动：它以多个三角的线性有机地组合，壶底的三足给人以稳重中以灵巧之气。它沉稳地浮在安静的书桌上，似乎默默地诉说着“平常心即是道”，我们焉何忙乱于俗世？

顾景舟制—子冶石瓢壶

在川流不息的人潮中，我们有幸与大师生活在同一个时代。德艺双馨的紫砂泰斗顾景舟先生，是中华人民共和国成立之后的第一位紫砂大师。顾景舟（1915 — 1996年），原名顾景洲，早年别称曼晞、瘦萍、武陵逸人、荆南山樵，晚年自号壶叟。出生于宜兴川埠上袁村的一个紫砂陶世家。年少读书，研习古文，聪慧过人，记忆力又强。18岁时家道中落，继承父业，随祖母邵氏制坯，从此开始长达60多年的陶艺生涯。

顾景舟大师在长期探索、研究、实践、认识中，在孜孜不倦的追求中，坚持以紫砂光货素器创作为主，坚持在艺术上继承传统，在传统中求创新，在继承中求发展。顾景舟擅制光器，每器必精心构撰，可谓出手皆成华章。正由于顾景舟对紫砂光货素器艺术的坚持、推崇、实践、探索、继承和发展，以自身严谨的工艺追求，加深了人们对紫砂光货素器艺术的理解和推崇。尽管在理论方面顾景舟并没有给予其系统性地归纳总结，但从实践上来说，他却是一贯坚持并追求的。

顾景舟制的砂壶具有清秀刚健的独特风格。常言道："做壶如做人。"从作者的一把把壶的风格上，我们不难得出"壶如其人"的结论。他技艺全面、功力深厚，各类造型的紫砂类作品俱佳，尤擅长简朴的几何类型作品，或方或圆，或提梁，或执把，无不浑朴儒雅、周正含蓄，作品往往在线形的细微变化中做尽文章。出自他手中一件件才思横溢的神来之作，格调高雅、气质朴实、不带雕琢、洁净清晰，不假借，不躲藏，结体匀称，造型典雅，魅力清纯，具有文人风范，同时又融入了民族文化传统与时代精神。

此尊宝器，何以称"子冶石瓢"？其壶式是与清代的名士瞿子冶有着极深的缘分。瞿应绍（1780 — 1849年）字子冶，一字陛春，号月壶，晚自号瞿甫，又署老冶、壶公冶父。上海名士，道光间贡生，官玉环同知。工诗词书画，尤善画竹，兰、柳亦工，兼能书法篆刻。

清代徐康《前尘梦影录》卷下："越三十年上海瞿子冶，欲烧砂壶，请邓符生主阳羡监造。子冶善兰竹，有诗、书、画三绝之称。符生则善篆隶，所制虽不逮'曼壶'，然留传不多，市中亦以之居奇云。"

民国漱石生《退醒庐笔记》："邑绅瞿子冶广文，应绍书画，宗南田草衣。道、咸间尤以画竹知名于时……更喜以宜兴所制紫砂茶壶，绘竹于上而镌之，奏刀别有手法，为他人所不能望其项背，故当时一壶之值，已需三、四两。逮瞿物故之后，阙值更昂。今偶有此种'瞿壶'，骨董肆皆居为奇货，非十金、数十金不可，而真者尤未必能得。"由此可知，子冶壶素来被收藏家视为珍宝，几不可得。

子冶石瓢的造型，大约是道光时期曼生手绘首创的壶式，是文人与陶艺的妙合，它蕴涵了内涵丰富的人文意趣。从壶式上看，壶形上小下大，重心下垂，造型沉稳，壶嘴为矮而有力的直筒形，出水畅顺，极速有力。壶身呈“金字塔”式，壶流、壶口、壶把三点形成水平直线，符合科学性，观赏端庄敦穆。

素面素心的紫砂，它的低调往往会被初识紫砂者小视。然而，沉静的紫砂似乎也并不会刻意地向观者张扬：它就是那么静静地默坐着，等待着懂它爱它的主人的到来。一箪食，一瓢饮，平常饮食，随缘便了。爱茶者处世有度，喜石瓢者厚道朴真。

此壶通体不施任何装饰，它以透彻的裸胎之美，展示着紫砂泥质最本真的魅力。著名宜兴籍画家吴冠中先生曾经和紫砂壶艺大师顾景舟先生谈论过对紫砂茗壶的装饰美的看法。吴冠中说：“紫砂壶造型古朴雅致，线条简洁流畅……时代气息主要靠造型来表现，并不需要外加什么东西。”顾景舟说：“茶壶是喝茶的，是实用的东西……捧起茶壶也是一种享受，要越用越喜欢，越看越高兴才行。”[①] 吴冠中强调了紫砂光货素器的裸胎艺术美是古朴美，自然美，拒绝在壶上题画刻字，同样，顾景舟却重复强调了怎样才能领会体验紫砂光

弘崙书法—欹枕江南烟雨

① 《2001 中国宜兴国际陶艺研讨会论文选编》，第 81 页，2001 中国宜兴国际陶艺研讨会暨陶艺展组委会编 .

货素器裸胎艺术美的精神实质，可谓异曲同工。

著名画家亚明赞誉他：“壶先秦有之，紫砂始于明正德，至今五百年，高手不过十余人，顾兄景舟当为近代大师。”

宜兴紫砂文化研究专家韩其楼先生曾赋诗云：“我恋紫砂无釉彩，相见如人披肝胆，不靠衣衫扶身价，唯以本质令人爱。”紫砂茗壶的质朴裸胎之美，在古朴与素雅、自然与沉静之中，以丰富的紫砂泥质和造型语言，体现了它的独特魅力。

我们凝视着眼前的这一尊石瓢，那弯向苍穹的桥纽，是江南水乡桨声灯影里的虹桥，我们从桥上走过，经由这座小桥，我们因茶而会，让赤诚的心不再孤独，在心灵相通的温暖中，我们体会到了幸福的温度。

正心至圣　气宇轩昂

——何道洪制圣珠提梁壶

《四书·大学》“三纲八目”云：“古之欲明明德于天下者，先治其国。欲治其国者，先齐其家。欲齐其家者，先修其身。欲修其身者，先正其心。欲正其心者，先诚其意。欲诚其意者，先致其知。致知在格物。”通过观器吃茶悟道者，无不是从“格物”入手，践行“自天子以至于庶人，壹是皆以修身

何道洪制—圣珠提梁壶

为本”。眼前的这尊“圣珠提梁壶”，全壶每一处都透射着力的动感，阳刚遒劲，有“荡气回肠”、“大舸争流”的豪畅，在壶上可以感觉到张力、膨胀力随想而生，器虽小，然气魄宏大。

通观此壶，圆润夸张的提梁擎起一道划破苍穹的弧线，巧妙地为“圣珠”壶纽创造出光圈效果。粗壮壶嘴衔接壶身形成前趋的线条，与弧形提梁呼应构成一种向前的动势感。壶把以圆形提梁高悬壶体正上方，壶体扁圆，略成扇锥形，纽、流均硕大似茶气充盈。高悬的粗壮提梁，并未能使此壶有压迫之感，因为在扁圆的壶体底部施以乳钉状扁形三足，使此壶充满了轻松稳定之态。整个壶体选用上等紫泥料，无任何刻画，以裸胎之造型语言，表达着“圣珠”之美意。此壶大气有度，细节精美，纽、流之圆孔，十分精妙，全手工抟制，技艺精湛，既宜茶，又宜观赏。尤其是壶纽之孔眼，内大外小，呈以硕大喇叭口状，此等设计，壶流出水喷勃爽畅。

何道洪制—圣珠提梁壶的手工精致的壶盖内部特征

紫砂茗壶之美，受到历代爱壶之人追慕。清人汪文柏（字季青，号柯庭，著名画家、收藏家，工诗善书，尤善墨兰，爱收藏书法名画，好焚香啜茗，曾邀陈鸣远至家制作紫砂茗壶，自己在壶上题诗作画，合作默契）在《陶器行赠陈鸣远》一诗中盛赞陈鸣远壶艺，诗云：“人间珠玉安足取，岂如阳羡溪头一丸土。”今人更是以紫玉金砂来指称紫砂茗壶宝器。珠玉再美，也比不上一尊散发着淡淡茶香、光华内含的紫砂宝壶啊！“圣珠提梁壶”，其名切壶，切意。这既是对紫砂之东方明珠的真实写照，又是对东坡提梁之创的文化承传。

清人包世臣《艺舟双楫》云：“平和简静，遒丽天成，曰神品。”虽是论书之道，论壶亦是贴切。此壶比例上的夸张对比，使壶的稚拙、敦厚、形意、自由奔放的艺术旨趣伸手可掬。如凤冠凰尾、涌动的泉、垂滴的珠，又有“润物细无声”之意境。艺术构思匠心独运，使壶轻重互补、虚实相生、此呼彼应，上俯下承，构成大巧若拙之活的动卷。空灵稳正的壶把与敛劲待发的壶嘴虚实天配；圆润硕大的壶纽又与小巧深嵌的壶盖水乳交融；硕大稳重的壶身与力贯千钧的鼎足相得益彰。紫砂肌理质感之美得到充分展现，“何氏风格”贵在力透全壶，气足通体，同时增加了壶的聚光折射点，彰显紫砂独特的“晶光玉润”、“华滋丰泽”肌理之美。

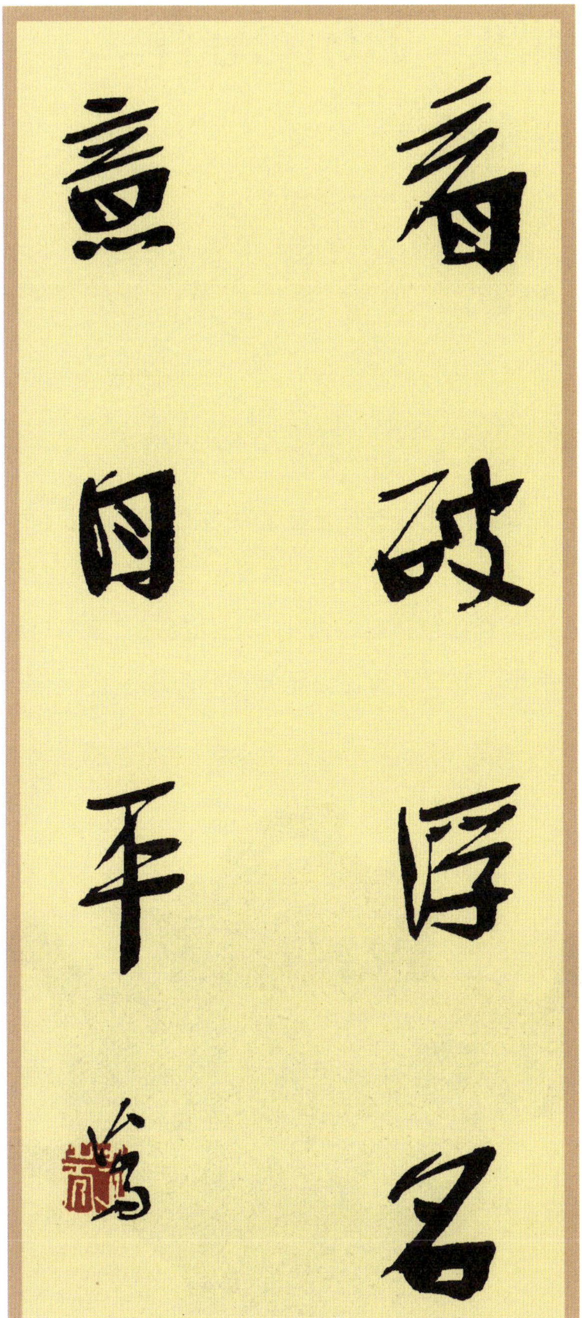

弘嵩书法—看破浮名意自平

梅花清韵　独报先春

——朱可心制报春壶

在光素中显花塑意，此尊报春壶是紫砂名家朱可心先生的代表力作之一。梅花朵朵装点壶身与纽盖，仿佛清香传来，传来了春天梅花报春的消息。

壶身呈鸡心形，若含苞梅花，高足，独立提拔，流嘴、壶鋬、壶纽均以攀枝的梅枝仿生细作，枝节凹凸之中宛若真梅，其造型蓄势呼应，一派生机。

朱可心制—报春壶

朱可心制—报春壶盖

壶口正圆，高颈，壶盖以压盖式，母子线饱满密合，通转自如。流嘴与壶鋬两侧生出新枝，新梅初展。梅花花朵分正、侧、背、偏，或含苞、或怒放，形态多姿多彩，暗香浮动，老干新枝，争奇斗妍。娇嫩的梅花和老辣的梅椿形成强烈的对比，寓“古木逢春”之意，透出勃勃生机。

整壶紫泥纯料以手工抟制，壶体内存有明显手工痕迹，工艺老道。梅枝布局匀称，刻划雕琢细致，圆韵流畅，气韵非凡。

点点梅花点缀其中，给人以春意盎然的感觉。把梅花“一树独先天下春”的顽强精神，刻画地淋漓尽致。

朱可心大师壶艺风格“雄浑敦朴，静穆大方”。大师每创花货作品，往往揣摩画谱，对景写真，取合捏塑，源出自然而超出自然，令观者动容，艺心大悦。

江南听雨　诗意人生

——吕尧臣制听雨壶

江南多雨，多雨江南。雨打芭蕉，一只可爱的小鸟就停在那芭蕉的枝头，在听雨吗？是在听茶壶滋滋的吸水声吗？抑或在从沸水激发的香茗展叶中，听到了茶园的清风声？

以画境入壶是吕大师所创诸多创新作品中的一大特色。被誉为壶艺魔术师的吕尧臣大师，所创绞泥装饰手法在紫砂壶艺作品中自成一派，绞泥出神入化，令观者拍案叫绝。

吕尧臣制—听雨壶

壶艺当随时代，吕大师以听雨壶彰显了当下紫砂壶技艺创新发展之成就。那壶面上不经意的三个色彩斑斓、晶莹剔透的小雨滴，是以紫、黄、白色的宝石镶嵌在壶体中，它们和砂壶一起经受了千度的烈焰，在茶烟升腾的紫砂壶上，好一个烟雨江南！

尧臣大师曾言：“我的艺术特色可以说有以下几点，一是题材广泛；二是装饰变化多端；三是敢于突破；四是坚持传统工艺手法的基础上，走前人没有走过的路，做别人不敢做的事。艺术家贵在有胆识，什么叫创新？就是从来没有人做过的，从来没有存在过的，你去把它创造出来。”

大师闲居太湖西岸兰山渚，开门即是浩淼三万六千顷的太湖水，远眺太湖，望见那一线的天际，令大师感慨人生。一日清晨，春雨霏霏，大师撑伞散步于湖边，涛声隐隐，仿佛自天边而来，岚气与雨雾缭绕，宛若幻梦；习习清风，传来林间清脆鸟语。大师在一棵芭蕉树下歇息，谛听着鸟儿的歌吟。他看见了，一只翠绿的鸟儿正巧妙地躲在芭蕉叶下，和他一起在谛听天籁，可爱的小鸟，你来自何方？诗情画意，经由大师所塑壶纽之小鸟，亦有闲趣。

听雨壶壶纽特写

古埙陶笛，远古与当下。我曾为日本的著名陶笛演奏家本谷美加子演奏的《小鸟》而动容，也曾为流行歌曲“我是一只小小鸟，想要飞呀却飞也飞不高……”而慨叹。人生如茶，无论是伟人还是凡人，都有着作为人的平凡的一面。看茶、品茗，读壶，人生无奈，无论苦甘，我们仍要以一颗为善利他之心，且饮且行，我们在听雨壶里，感悟到了充满诗情画意的人生。

方正有节　直心高洁

——顾绍培制高风亮节壶

江南山中多竹，其竹中空，色翠绿，身圆，高大坚韧，清雅有节。中国人，尤其是中国历代的文贤雅士，无不爱竹，赞竹，画竹、书竹，以竹之清高气节为追慕修养。宋人白居易在《养竹记》中曰："竹似贤，何哉？竹本固，因以树德，君子见其本则思善建不拔者。竹性直，直以立身，君子见其性则思中立不倚者。竹心空，空以体道，君子见其心则思应用虚受者。竹节贞，贞以立志，君子见其节则砥砺名行，夷险一致者。夫如是，故君子多树之为庭实焉。"

以竹入壶，紫砂器中多有表现，然以方器为造型的竹壶并不多见。展现在我们面前的这尊"高风亮节"壶，方正直壮之气扑面而来。此壶身为四方高直筒型，主题取自竹的形态，由四排竹节十六根方竹成型，参差相间组合，节间生芽，错落有致，清朗高洁。其中壶嘴、把手分别用扁方竹形状塑造而成。壶流部造型别出心裁，两根竹子上下相连壶身形成出水孔，贴体而富有新意。壶身向下伸出四足，稳重大方。收肩，隆盖，桥形纽。壶身以双竹枝环绕，装饰出竹枝、竹叶，充满生机。壶身与各个附件搭配合理，壮美典雅，营造出壶挺拔俊朗、劲挺灵动的气质。此壶综合了紫砂方器、花器、筋纹器的工艺技法，形神兼备，制作难度极高。

正观此壶，上强下柔的壶把充满力量感，整壶轮廓线呈一“力”字造型之感，遒劲有力，深化了“高风亮节”之主旨。壶体造型主轴线垂直端正，壶嘴、壶把所采用的曲线，有一种竹枝摇曳的流动感。整个布局装饰少，写实与书意相结合，含蓄地表达了“形意相依、气韵生动、题意贴切”的艺术个性。壶身铭文“高风亮节”是沈汉生（号石羽）先生所刻。壶身紧紧围一细竹，间发新枝两条。上条分两叉，以正侧之态堆雕竹叶八片，下条亦分两叉，以正侧之态堆雕竹叶六片，在壶身四片竹身上疏密得当，大气疏朗。竹身缀以小芽，有生机勃勃之感。壶式为方，但方中有变、圆中寓新、方圆结合、刚柔相济，体现了顾绍培大师紫砂艺术的个性。

在中国诸多的植物之中，尊“梅、兰、竹、菊”为“四君子”，它们具有的象征意义反映了中国人的审美理想。竹，代表的是“高风亮节”，人们爱竹，从中寄托理想，陶冶情操，满足审美需求。宋人胡仔《苕溪渔隐从话后集》卷一：“余谓渊明高风峻节，固已无愧于四皓，然犹仰慕之，尤见其好贤尚友之情也”，此中“高风峻节”与“高风亮节”同义也。

在中国历史上，汉武帝时匈奴单于即位，欲与汉朝改善关系。汉武帝派苏武作为使节访问匈奴，由于匈奴内部变故，单于扣押了苏武，百般折磨，让降将张胜、李陵来劝降他，苏武坚贞不屈，其高风亮节，誓死不降，受到人们的尊重和爱戴。《汉书·苏武传》中有如此记载：“律知武终不可胁，白单于。单于愈益欲降之。乃幽武置大窖中，绝不饮食。天雨雪。武卧啮雪，与旃毛并咽之，数日不死。匈奴以为神，乃徙武北海上无人处，使牧羝。羝乳，乃得归。别其官属常惠等，各置他所。武既至海上，廪食不至，掘野鼠去草实而食之。杖汉节牧羊，卧起操持，节旄尽落。”

无论是诗词歌赋，传说典故，中华文脉中的“高风亮节”之精神，一定会代代相传，永济后人。

顾绍培制—高风亮节壶

清闲逍遥　妙趣自得

——汪寅仙制天乐壶

汪寅仙制—天乐壶

壶里乾坤大，杯中日月长。宝葫芦里卖的是啥药？涤烦丸，无虑散？那葫芦里孕育着的是一壶的清闲恬淡。

身心洒脱，逍遥自在，那是道家天趣，那是凡人欲往蓬莱之梦想。静观此壶，静中寓动，妙趣横生。此壶式创意源于葫芦，是葫芦中的亚腰造型，壶盖是亚腰葫芦之上半段，壶身为硕大的腰身。遒劲的葫芦藤条以耳形成鋬，在壶身上又分为两枝，分别浮于壶身之两侧。在两侧的细藤上各挂有小葫芦一枚，七星瓢虫三两只，藤上长有各具形态的叶片三两片，并有小虫侵蚀的孔洞数处，栩栩如生。壶流二弯，短而粗壮，蓄势有力度。此壶兼具花货之妙趣、光货之润泽，以多条曲线幻化成一幅立体的画，一首逍遥的诗。

《现代汉语词典》中释“葫芦”：一年生草本植物，茎蔓生，叶子互生，心脏形，花白色。果实中间细，像两个球连在一起，表面光滑，可做器皿，也供玩赏。由此可见，此天乐壶源于自然而又高于自然，经艺术大师之手而抟制成紫砂花货之神品。葫芦又名“蒲芦”、“胡卢”、“瓠”、“匏”等。其最早记载见诸于《诗经》中《瓠叶》、《硕人》、《匏中苦叶》、《七月》名篇。《诗经·大雅·绵》中有“绵绵瓜瓞，民之初生”，是关于我国先民起源的传说。

葫芦以圆球型构成，象征着和谐美满。它不仅是重要的生活用品，而且与神话传说、历史、文学、艺术、宗教、民俗乃至政治等关系也十分密切，经历数千年来的文化变迁，葫芦作为器物承载了丰富的文化内涵。其枝茎称为蔓带，谐音“万代”，葫芦蔓带谐音为“福禄万代”，是吉祥的象征，葫芦与它的茎叶一起被称为“子孙万代”。每个成熟的葫芦里籽实众多，人们就联想到“子孙万代，繁茂吉祥”，葫芦成为了象征多子多福的吉祥物；葫芦谐音“护禄”“福禄”，加之其本身形态各异，造型优美，无须人工雕琢就会给人以喜气祥和的美感。在民间，人们以此物祛灾辟邪，祈求幸福，盼望子孙人丁兴旺。从外型上看是由两个球体组成的亚腰葫芦，更有寓夫妻互敬互爱，和谐美满之意。

中国古人以宇宙混沌，天人合一为识，其物化形象乃是葫芦，其人格化形象则是盘古、伏羲、女娲等。从混沌到世界的创生过程，被形象化地叙述为葫芦从中央剖开。亦即所谓天地剖判，阴阳分离。在中华民族的历史中，葫芦被很多民族认为是人类的始祖而崇拜。在神话和故事里，葫芦始终与神仙和英雄为伴，被认为

汪寅仙制—天乐壶（侧上视图）

是给人类带来福禄、祛魔辟邪的灵物。闻一多先生考证认为：人类的始祖伏羲（又叫包羲）和女娲（又作女希）二名称实际由葫芦演化而来。这是因为前者的语音与“匏”通，而后者的“娲”在古代读作瓜。伏羲与女娲，名虽有二，义实只一。二人本皆谓葫芦的化身，所不同者，仅性别而已。

在宗教信仰上，葫芦在多个宗教中都有体现，而在道教中更独显不凡。太上老君用葫芦来装仙丹灵药，八仙之一铁拐李以葫芦为法器，佛教中的疯癫和尚济公用以装酒。葫芦有了神力，能招财纳福、避邪挡煞、除病辟邪。中医药店招牌即常见葫芦型标志，而“悬壶济世”则代表行医的意思，如今无论是庙宇的顶脊，焚烧纸钱的金亭屋顶，或是葫芦形制的装饰品，都能够普遍受到大众的喜爱。

如今，在紫砂壶艺的家族中，汪寅仙大师的这把天乐壶造型独特，在花式中寓以光器之流畅优雅的线条，在严谨法度之中，透漏出奥秘天趣之乐。此壶之精美雅致是汪大师的代表作之一。吉祥的葫芦满足了人类对美好生活的向往，在无奈的人生苦旅中，吃茶得闲，看小虫忙忙，自得其乐。追求幸福的人们，乐天知命，一壶相伴，藏壶修福。

重阳至清　如见老君

——何道洪制纳洪智提梁壶

何道洪制—纳洪智提梁壶

此提梁壶作于20世纪80年代后期，张守智设计，何道洪制作，故称“纳洪智提梁”。《珍壶藻鉴—何道洪紫砂艺术雅赏》（2000年台湾台北盈记唐人工艺出版社）中评赏道：“此壶以自然界中的葫芦为艺术构思的雏形，经与张守智先生合作，通过艺术熔铸，基于自然而又超逸自然，不仅用紫砂独特的材质将天生葫芦的丽质折射而出，又通过壶盖、盖纽及提梁将葫芦的形、势一揽呼出。综观全壶，珠圆玉润，光鉴可人，严整秀丽犹如鬼斧神工而做，硕大的壶嘴单笔独点葫芦的雍容大量。视觉上，虚实对比，静中寓动，分外明朗”。源于自然，因人而化，令人叫绝。

以自然界中葫芦为形而变化抽象为光器，出神入化，如见老君也！静读此尊宝器，壶式为上下双球结合，乃为葫芦，不禁心生重阳二字。何也？是因道教以上为阳，下为阴，浊为阴，清为阳，故为重阳。道人修仙，以纯阳为上，化至太虚，神游穹宇。凡人云，有酒学仙，无酒学佛。说的是我们在凡尘俗务中莫忘记了人生所本有的旷达逍遥之心。酒易醉人，茶令神清。郑燮说："难得糊涂"。净慧法师以正清和雅为禅茶之道提倡的是感恩、包容、分享、结缘。无论哪家正教，莫不是以为善利他行天下。潇洒自如，行走天下，毫无挂碍，是因为合乎道。道家无为太虚之境，谁人不想安住于此呢？澄心涤虑，坐而读壶：此壶气清撼人，如老君说法，使观者心生敬畏省思之心。

道可道，非常道。何道洪大师的这件宝器，充分展现了大师的艺术风貌，壶身饱满充盈之气感，喻阳气盛大，虚空的提梁如弯过苍穹的彩虹，纳虚空为气。提梁与壶盖上方所围成的"阴"与壶体双球之"阳"，一虚一实，诠释了阴阳变化之道。值得称道的是那粗壮挺拔微微上翘的壶流，遒劲有力，令整壶造型重心和谐，比例精当。壶身纯素裸胎仅以造型材质表达壶艺主题，无任何刻画装饰，是光素器中精美绝伦的珍品。

何道洪制—纳洪智提梁壶

禅音雨润　清幽淡远

——施小马制禅钟壶

春雨霏霏，凉意自适。雨打芭蕉，深山古寺中传来钟鸣回响。钟声穿透沙沙雨声，轻轻呼唤着迷途者寻找清净自适之境。

施小马制—禅钟壶

施小马先生所制禅钟壶，壶式简练，线条精到，块面爽净，过渡自然，阴阳线条变幻自如。壶为六方，壶纽亦呈六方，壶鋬与壶流均呈六边，棱角分明，一丝不苟，六六顺意，和谐一体。壶以段泥抟制，光洁温润，质地绵密润泽，养护精当。二弯流出水畅快，其外形与壶鋬成对称状，壶纽、壶盖、壶体、壶足之线条从壶纽至高处一泻而下，六分壶面，成六方筋纹壶式。壶流、壶把均以阳文线条贯穿，并与壶身线条相通连，贯气一如，洗练出新。壶身筋骨尤为突出，朴茂大方，挺括有力。壶铭文字“意自如　古阳羡，跃鸣书”题首篆印为“长乐”；另一面壶体绘画“雨打芭蕉图，丙戌春”。壶面刻绘以残叶芭蕉，斜风细雨数刀，仿佛蕉叶被春雨打动。

以画境入壶，从平面到曲面，从单一到结合壶式推陈出新，每一把壶，图与文，壶式与壶泥，肌理与色彩，装饰与布局，无不透露出作者驾驭紫砂

施小马制—禅钟壶

艺术语言的纯熟功力。

做一天和尚撞一天钟！是乃责任所在。在平凡的岗位上，因有了认真与坚持，平凡的人修成了非凡的品格。古寺钟声悠悠，造型取自于金钟，加以六道筋纹变化而成砂壶。人要活在责任和义务里。勇敢担当，放下我执，于六如之中见佛性，是能随心所欲而不逾矩，合乎大道，方能事事顺达。

世事纷乱，奔忙之中，身心失调，焦虑烦躁，如影随形。以何调心？调心之道，参悟音韵是一方便法门。深山古寺，钟鸣续续，浑厚清冽，悠远有韵，合古琴“清幽淡远”之韵。

以禅钟壶沏泡佳茗，参悟“禅茶一味”，非二是一。是谓：“观茶如己意诚真，读壶问心念六经。”《诗经·古风》云：“谁为荼苦，其甘如荠。”人生苦途，以茶证悟，虽苦犹甘。

半片蕉叶，雨点滋润，耳畔似乎响起闽南音韵之“雨打芭蕉”旋律。默坐对此壶，又心生“那一世，流水花开叠梦痕，雨打芭蕉落闲庭”之慨。煮一壶清泉，听芭蕉雨声，待佳人赴约。“轩窗夜听雨，雨打芭蕉声。轻问敲门人，疑是故人归”。其茶其味，非亲临其境，弗能体悟茶泉之妙。

水为茶之母，壶为茶之父。煮水候汤，好茶好壶，听一壶茶，静心参悟，用心感悟大同世界的春之美。

饮水思源　文化渊源

——周桂珍制大曼生提梁壶

“壶以字贵，字随壶传”，这是人们对紫砂文人壶文化内涵的肯定。清代溧阳县令陈曼生的“阿曼陀室”的创作群体，在今天看来仍令艺术创作者向往与振奋。面对眼前的这尊周桂珍大师创作的大曼生提梁壶，在感受到了浓郁的书卷气息之外，我们心静以思源。

周桂珍制—大曼生提梁壶

该壶壶型是以曼生“十八式”中的“石铫”壶式为基础的再创作，壶体以当代著名国学院院长、红学专家冯其庸先生书法题字，由中国工艺美术大师谭泉海先生陶刻，陶刻书法内容是冯先生所作七律一首：“世事从来假复真，大千俱是梦中人。一灯如豆抛红泪，百日飘零系紫城。宝玉通灵归故国，奇书不胫出都门。小生也是多情者，白酒三杯吊旧村。宽堂冯其庸书旧句戊辰首夏时客荆溪。”此七律是冯先生答复是李一氓贺诗，被收录在先生的《剪烛集》里：1984年冬，予偕李侃、周汝昌两先生赴前苏联列宁格勒鉴定俄藏《石头记》抄本，签订两国合作出书协议。归国后，李一氓特赠诗为贺，诗云：泪墨淋漓假亦真。红楼梦觉过来人。瓦灯残醉传双玉，鼓担新钞叫九城。价重一时倾域外，冰封万里识家门。老夫无意评脂砚，先告西山黄叶村。予敬步李老原玉云：世事从来假复真。大千俱是梦中人。一灯如豆抛红泪，百日飘零系紫城。宝玉通灵归故国，奇书不胫出都门。小生也是多情者，白酒三杯吊旧村。此列宁格勒藏抄本《石头记》后亦由中华书局影印出版，今李老亦已作古，回首往事，可胜浩叹！稍忆校红琐事，则往事如梦如烟，纷至沓来，信笔记之，不觉盈稿矣。聊以短笺，永忆故人也。

周桂珍制—大曼生提梁壶（陶刻装饰局部）

轻吟冯先生诗句，我们不难看出诗句中流露出作者淡泊与旷达的人生感悟。

“石铫”壶式是曼生壶诸多样式的一种。壶友间所指称的曼生壶，其实是指陈曼生设计、刻绘，杨彭年等壶艺名手共同创作的一系列壶艺作品。陈鸿寿（1768—1822年），字子恭，号曼生、老曼、恭寿、曼公、种榆道人、种榆仙客、胥溪渔隐等，浙江钱塘（今杭州）人。工诗文，诗名与陈文述、陈甫称为“武林三陈”，擅书画，嗜摩崖碑版。行楷有法度。八分书简古超逸，其画山水、花卉、兰竹靡不精妙，尤精篆刻，取法秦汉，擅切刀，纵肆爽利，为“西泠八家”之一。著作有《种榆仙馆印谱》、《种榆仙馆摹印》，诗文有《桑连理馆集》、《种榆仙馆集》。新中国成立后，中华书局曾出版过《陈曼生花卉册》。他用过的斋轩名有种榆仙馆、种石轩、石经楼、曼陀罗室、阿曼陀室、桑连理馆、连理双桂树楼等。

陈鸿寿嗜好品茶，酷爱紫砂，收藏颇丰，精于鉴赏。他是一位参与紫砂茗壶制作并对紫砂陶工艺产生重大影响的文人。清代年间（1812—1815年），陈鸿寿出任江苏溧阳县令。他出于对紫砂壶的强烈爱好，结识了出身宜兴制壶世家的杨彭年，曾为杨彭年题写居室“阿曼陀室”，杨氏用于壶底的印鉴也出自他的手。杨彭年是清朝嘉庆道光年间宜兴制壶高手，他一生的精力用在与陈鸿寿合作上，配合默契。杨彭年的胞妹杨凤年、胞弟杨宝年、朋友吴月亭等人，都曾参与曼生壶的制作。我们可以这样说，曼生设计题款的茗壶如无杨彭年的高超壶艺，则无法产生如此巨大的影响。他们的默契配合，使紫砂茗壶与诗、书、画、印合为一体，将紫砂茗壶导入“文人壶”的高雅境界。

陈鸿寿以他自身深厚的文化艺术素养和审美能力，取诸自然现象、生物形态、实用器物、古代文玩等，精心设计了十八种壶式，造型有石铫、汲直、却月、横云、百衲、合欢、春胜、古春、饮虹、匏瓜、葫芦、天鸡、合斗、圆珠、乳鼎、镜瓦、棋奁、方壶，即后世称“曼生十八式”。我们今天所见到曼生壶式样甚多，远不止十八式，至少有四十种样式，单就1937年出版的《阳羡砂壶图考》就提供了26件不同的曼生壶壶形，并对陈曼生题铭的8件传器分别作了介绍，其中较明确的壶名有“斗笠壶”、“合欢壶”、“包壶”、“井栏壶”、“方山壶”、“石铫壶”6件。此外，《鉴壶》一书手绘有曼生壶式33件。徐秀棠著《中国紫砂》图录曼生壶式38种。曼生壶是宜兴紫砂茗壶的一大类型，因此款式不会局限于18式，人们之所以用“十八式”这个数目，就像武林中“十八般武艺”一样，用“十八”来象征技艺的成熟和至善至美。

曼生壶的主要特点是融造型、文学、绘画、书法、篆刻于一壶，气韵典雅，壶腹上还镌刻山水花鸟，使清雅素净的紫砂壶平添几分诗情画意，形成独特的文人壶风格。

曼生壶乃是紫砂技艺与翰墨结缘的精品，使紫砂茗壶成为由奇泥名匠与文人雅士结合创作的成果，真正成为中国茶文化的一枝奇葩。这是泥与文化的奇迹，茶与壶的别致，茶、壶、文化就此完美的融合，是陈曼生创造更适合文人的情趣的茗壶，是他把紫砂壶文人化。到陈曼生处，紫砂茗壶才真正完成它应承载的全部美学价值。曼生壶的高度艺术化，使茶人品茗时的审美感受更浓，在细呷慢啜清茗的同时，又可以把盛茗之器作为艺术品来欣赏玩味，从而得到更高雅的艺术享受，使品饮过程变成一种陶冶情操的审美过程。

如今，呈现在我们面前的这尊由周桂珍大师制作的“大曼生提梁壶”，在继承曼生壶艺文化精神的基础上，有时代的创新，有艺术家的艺术个性。冯其庸先生曾评价周桂珍大师紫砂壶艺术说，紫砂艺术最突出之处就是神韵，周桂珍的艺术的最突出之处就在“工极而韵，紫玉蕴光”，百看不厌，有无尽的内涵。

周大师曾这样表达她对光素器创作的看法：“光货，又叫光素器，我是跟顾老学的。光素器，线条要‘挺’。可能和我跟的老师有关，我喜欢那种光素的东西；还有是我的个性，我喜欢简洁大方。对光素器，我的理解是：一件好东西，它不用加任何的修饰，就能看出它的自然的美，这个才算最高境界。工艺这个东西，就是不能有俗气。”大师如是说，大师也是如是所创。

眼前的这尊大曼生提梁壶是以“石铫壶”为造型特点，以段泥料制壶，壶身与提梁比例均等，由下至上形成近梯形状，中间由肩上圆弧、隆起的半圆盖、高高的桥纽加以变化，配以长直嘴，更显爽净之气。整体观之，壶上线条交待清晰明确，提梁内圆外方，与壶身衔接自然有度。上小下大的提梁所围成的虚空中，贯以向上挺拔之气，尤其是直线条的壶流与斜切的流口，给人以利落爽快之感，严丝合缝的嵌盖密合在壶口之上，桥纽的线条所围成的椭圆形虚空与提梁所围成的虚空相互包容，给人以意远深邃之感。此壶以极其浓郁的静气，让观者心静，让心灵回归家园。

石铫是石质的煮水茶器。出版于日本天保二年（1813 年）的《茶说图谱》中记载了用于煮水的汤铫：“江芸阁云：銚，又名穿心吊，《茶疏》所谓必穿其心，令透火气者也。按，銚，其底挑起，故名。”以铫为原型，进行创新而成泡茶之器而成石铫壶，令人感慨茶具之间的密切关系。从这件宝器上，我们似乎也不难发现此造型与井栏何其相似。高而坚挺的井栏围隔的不仅仅是生命之源泉，而且也是人们修养性灵的茶汤，香醇的茶叶在沸腾泉水的历练中，茶灵与性灵弥合如一，彰显茶性与人性的光辉。

一件煮水的器物，一尊泡茶的砂壶，一口阅遍村民朝夕生活的老井；一掊乡土，抟作为壶，承载了平常生活之事，寄托了我们多少个日夜的乡愁。朴实无华的砂壶，让我们在乡愁相思中，重新找回了那充满温情的岁月与人情。

力承千钧　曼壶传字

——曼生铭、杨彭年制柱础壶

曼生铭、杨彭年制—柱础壶

曼生壶在我国紫砂工艺史上独树一帜、风行一时。《耕砚田斋笔记》:“宜兴素产砂壶，曼生做宰是邑，公余之暇，辨别砂质，创制新样，并自制铭镌句，人称‘曼生壶’。”清代钱咏《履园丛话》卷十二：“近则以陈曼生司马所制为重矣，咸呼之曰‘曼壶’。”清代寂园叟《陶雅》中称誉：“若陈曼生者，本朝一人而已。陈曼生壶，式样较为小巧，所刻书画亦精，壶嘴不淋茶汁，一美也；壶盖转之而紧闭，拈盖而壶不脱落，二美也。”曼生壶无论是内容和形式，可以说是前无古人，名震于世。

此壶为曼生式样之柱础壶。壶上线条自由穿梭，爽净自然，劲道十足。其创意来源于江南建筑之柱础。江南建筑的木柱子下面多承有柱础，宜兴方言称之为“鼓墩子”，其造型优美，有饱满光素者，有满披纹路与吉祥画面者，方圆不一，式样繁多，其上装饰文化内容丰富。造壶者为杨彭年，是清朝嘉庆道光年间宜兴制壶高手，他一生的精力用在与陈曼生合作上，配合默契。曼生壶以杨彭年成型最多。杨彭年身怀绝技，以善配泥色著称，兼善刻竹，刻锡亦佳。此壶取建筑元素入壶，是曼生壶式创新之一大特色。

曼生嘉庆六年（1801 年）拔贡，曾做溧阳县宰，喜作茗壶新样，由宜兴紫砂名师杨彭年等制作，在壶上题词书刻。除曼生外，还有县衙幕友郭频伽、江听香、高爽泉和查梅史等。这种茗壶世称曼生壶，为艺林所珍。名师做壶，名家书刻，以此有“壶以字贵，字以壶传”之说，迄今曼生壶仍盛名于世。

陈曼生及其幕客等一批文人茶友对紫砂陶艺的贡献，在于他们精心构思创作出具有文学意义和美学价值的壶铭。这些壶铭文字都是与茶有关的诗词警句，格调高雅、哲理深邃、耐人寻味，能启迪思想、增长知识、陶冶心灵。他们把金石篆刻技法施展于壶面设计，开创新的篆刻装饰手段，增添了紫砂铭壶的书卷气和艺术价值，从而使紫砂茗壶步入高雅的艺术殿堂，成为时人竞相罗致的艺术珍品。曼生以他自身深厚的文化艺术素养和审美能力取诸自然现象、生物形态、实用器物、古代文玩等，精心设计了十八种壶式（今人考之，远不止 18 种，综合多个存世文献记载看，至少有 41 种之多），壶式造型都是以几何型为主，有较大的可供刻画装饰的面，壶体光洁，线条简练，一扫乾隆年间注重纤巧之风，风格返璞归真，取拙成巧，紫砂茗壶呈现出“方非一式，圆无一相”的气派，款式转趋典雅古朴。陈曼生设计壶式之所以造型简洁，是为了便于在壶腹镌刻诗文，把文学、书法、篆刻作为主要装饰手段。陈曼生与文人、茶客、紫砂陶艺人结缘，大大提高了紫砂壶的艺术雅趣，而且从造型、技艺、装饰工艺等多个方面推陈出新，把紫砂壶艺的发展推向了全盛时期。

文人参与制壶，在壶体上镌刻诗文，并非自曼生始，但却由曼公极力倡导而兴盛。他在清代壶史上的重要地位还在于他恢复制壶的手工艺绝技。明末清初制壶大抵以捏造车坯的方法为多，到雍正以后，则以印坯车胎为主，杨彭年摒弃印模重倡捏造车坯的方法。他的作品似乎在随意间完成，但却有一种天然的旨趣。曼生设计题款的茗壶若无杨彭年之高超壶艺，则无法产生如此巨大影响。他们的默契配合，使紫砂茗壶与诗、书、画、印合为一体，让紫砂壶进入“文人壶”的高雅境界。

曼生铭，杨彭年制—柱础壶

易演玄妙　见龙在田

——施小马制八卦龙头一捆竹壶

宙宇混沌，一以为开。《易·系辞上》云："易有太极，是生两仪，两仪生四象，四象生八卦。"初观此壶，有龙有竹，有卦有图，富中华文化之内涵。此壶俗称"八卦龙头一捆竹壶"，亦名有"龙头八卦一捆竹壶"、"八卦河图洛书龙头一捆竹壶"等，此器型最早可见于清代名手邵大亨传器。现代制壶名师大家多有摹古之作，虽是摹古，但仍有制壶者之创造。此器展现了深邃的中华文化之哲思，是抽象与具象的完美统一。

此壶以上等底槽青泥制作，色泽嫣紫沉朴，壶表隐现珠光，紫润可爱。壶身外壁似一捆整齐的竹段，中腰以一竹束之。竹段由64根竹子均齐排列，分四组重合，壶底四周有四个腹部伸出的8根竹子做足，上下一体，缜密协调。束腰之竹镂空精致，64根竹的上端均刻有小圆圈，以示竹心中空。壶盖微凸伏羲八卦方位图，盖纽为太极图式。壶底采用八卦星象图案装饰，与外观相应合。把和流以堆雕饰成飞龙形象，龙口含水左右呼应，似有"见龙在田"之意。曲与方均势平衡，口盖配合丝严合缝，四脚平稳严谨缜密。

若从上垂视此壶，从壶纽中心算起，不正是"易之演化"的真实写照吗？壶底为仿照古代"易"学文献刻出河图与洛书，用来表达八卦的来源。通观此壶，是有"易有太极，是生两仪，两仪生四象，四象生八卦"，"因而重之为六十四卦，然后天地变化，人事吉凶，莫不周备"一本万殊之两分法象征。

古大德认为，太极是派生万物之本原。《太平御览》云：“伏羲坐于方坛之上，听八风之气，乃画八卦。”八卦之中，乾为天、坤是地、震为雷、坎是水，艮为山、巽为木、离为火、兑为泽。二卦两两相叠，又成六十四卦，以象征自然现象和社会现象的发展与变化。

《易经·乾卦》中爻辞释：“九二，见龙在田，利见大人。象曰：见龙在田，德施普也。”其意有：见龙是见机而动，把握“现”的时机；在田是面对现实，面对大众，崭露头角，初显身手；是先以善行美德施行于众人，利益于社会，然后自然得利于众人。所谓“见龙在田”有三层深意：庸言之信，庸行之谨；闲邪存其诚；善世而不伐，德博而化。也就是说，我们日常说话持守信用，行为谦恭谨慎；警惕邪念，控制杂念，心存诚实纯一；有成绩和贡献时不夸耀，以博大德行赢得社会信任，以畅扬天下之文明。此壶有易有龙，日日观壶，省思德行，此为明鉴，亦可自勉。

紫砂壶史发展至今，其蕴涵着深刻文化内涵的宝器越发被人们所珍视。此壶在造型上以“易”学哲理为主题，通过艺术手法，将《易经》中一分为二、再分为万象万物以及殊途同归的基本观念，在一件砂壶上具象地表现出来，既能满足人的泡茶品茗之需，又能在品茗之外丰富人们的文化哲学知识，陶冶性德。

施小马制—八卦龙头—捆竹壶

红韵清雅　润泽果敢

——春水堂款梨皮朱泥高瓢壶

红润而不艳，眼前的这尊梨皮朱泥高瓢壶，令人感觉如对高雅韵致的知性女子。她稳重中不失轻灵，沉静而端庄，散发着悠远的古韵之气。

春水堂款—梨皮壶

朱泥是众多紫砂泥料中收缩率最高的一类泥。成器中多以小器为多，其原料得天独厚，质地细腻，烧成后壶体表面多微皱，它或许没有文人壶金石铁笔的辉煌，但却充满着洗练的小家碧玉之气，它或许没有过多复杂的造型，但却突破了实用的极限，重新组合成了一种紫砂器美观的结构。对照其他朱泥壶传器壶式，您会发现，此器型颇为特殊，它一改传统朱泥壶壶之把手，以“力”字型展现了一种果敢与刚毅，不仅便于端拿取用，而且在审美上更给人以一种精神的振奋之感。壶把的刚与流线型的壶流的柔相呼应，盖沿略突出长颈壶口，这样的设计则能有效地使壶之各附件平衡在稳重的壶体上。凝视此尊宝器，我们看到了古人造壶者在其时的果敢与创新。

朱泥梨皮壶，最宜以台湾乌龙茶泡养。故此，台湾壶友多怜爱有加。或清香、或幽远的乌龙茶香，从红润的朱泥壶中倾泻而出，让浮躁而忙乱的心顿时沉静下来。那冲水后的壶身，其色泽会更加深红，这红润如孩儿面，如少妇朱唇上的口红，它红得羞涩，红得高傲，红得尊贵，红得变化无穷。我们以茶心来爱这样的红润，在用朱泥壶冲泡绿意盎然的乌龙茶中，红与绿，暖与冷，色调的和谐，我们感悟到了茶与壶和谐之美。

此壶材质呈朱泥细冰梨皮，胎身掺砂，颗粒隐现，包浆明润，益见朱泥肌理质感之美。此壶身以鼓腹扁圆形作重心，长颈与圆足形成柱状，贯穿壶腹，遥相呼应，整体观之，和谐得体，合度清雅。壶胎掺砂，砂质坚实细洁，颗粒隐现，呈梨皮状，手感舒爽。以沸水从壶上冲淋而下，光影流动，益见朱泥红润之美。

此器形制较异，鼓腹、圆身，壶颈长，底圈脚，颈口以半曲折横把伸展而出，与传统之圈把正耳大异其趣，酝酿出全器雍容大度之气。平高虚盖，盖沿与壶口相切，圆笠纽，玉笠亭亭。嘴三弯朝上，与壶把称势。纽盖、颈、身、腹、脚，呈圆柱状，浑成一体，气贯全壶，遥相呼应。壶底以尖刀划刻“雨后石泉鸣　春水堂”八字，笔姿老辣工整，爽净。整器的形制、做工、款识，皆出自同一陶人之手，必为制壶好手无疑。

春水堂为清代乾隆年间订制紫砂茗壶较多的名室，曾见款式数种，制器皆精妙，壶底铭文隽永。

直拙不迂　素心有寄

——周桂珍、冯其庸、徐秀棠合作回纹双圈壶

以传统古雅之型，寄托今人之希冀，是此尊宝器古为今用的创新之处。此壶以纯正紫泥抟之，仅以陶刻装饰壶体，素心素面，古朴清雅，直拙不迂，真诚气息扑面而来。

此壶是三位大师联袂创造的成果。周桂珍大师制器，文化大师冯其庸先生作诗句，徐秀棠大师陶刻于壶体。铭文诗句疏朗而均衡地刻画于壶身："几回夜雨烹春茗，话到沧桑欲曙天"。落款："庚寅岁暮宽堂八十又八冯其庸"。此句是冯老与顾景舟大师多年情艺交往，在《忆顾老》两首诗句中的一句。原文是："百代壶公第一流，荆溪夜月忆当头。何时乞得曼生笔，细雨春寒上小舟。弹指论交四十年，紫泥一握玉生烟。几回夜雨烹春茗，话到沧桑欲曙天。"再后来，冯老在《剪烛集》里，再忆念顾老、高海庚

周桂珍、冯其庸、徐秀棠合作—回纹双圈壶

先生时，又添续诗："我到荆溪第几回。论壶长共顾翁杯。江山代有才人出，又见群贤济济来。"表达了一位文化老人心系紫砂文化，寄予紫砂艺人们承前启后、潜心耕陶、坚守壶道、创新壶艺之念。

观此壶，壶身呈高圆筒型，壶肩及壶身下部收敛，呈尊状，显古韵。直流平嘴，有爽净之气，壶把椭圆，干净利落，壶盖以压盖式，使壶盖和壶体之间形成的饱满的虚线，有书法飞白之意趣。壶肩施以装饰线一环，盖凸起成一虚环并饰以回纹一圈，给此壶平添了几分轻松清雅之气。壶纽以桥形，穿双圈，在古韵壶上增加灵动感。

冯老评价周桂珍大师的壶艺道："艺术的最高境界是在神韵，书画艺术是如此，紫砂艺术也是如此。周桂珍的艺术的最突出处，就在'工极而韵，紫玉蕴光'，就在让你得味外之味，意外之意！就在让你感到她的作品百看不厌，就在让你感到她的作品有无尽的内涵。"冯老曾赋诗云："秀出天南笔一支，千形百相有神思。曹衣吴带今何在？又见江东徐惠之。"赠与徐秀棠大师，徐大师勤奋有为，紫砂壶艺论著颇丰，雕塑陶刻技艺更是精湛，构筑有长乐弘陶庄，对传承发扬紫砂文化，作出了诸多贡献。

集中华文化与艺术之思于一壶，三位大师各施其长，寄予希望，三位文化艺术老人承古而出新。他们以实际的行动，呼唤年轻一代的紫砂艺人们，勇担责任，开拓创新，把紫砂文化发扬光大。

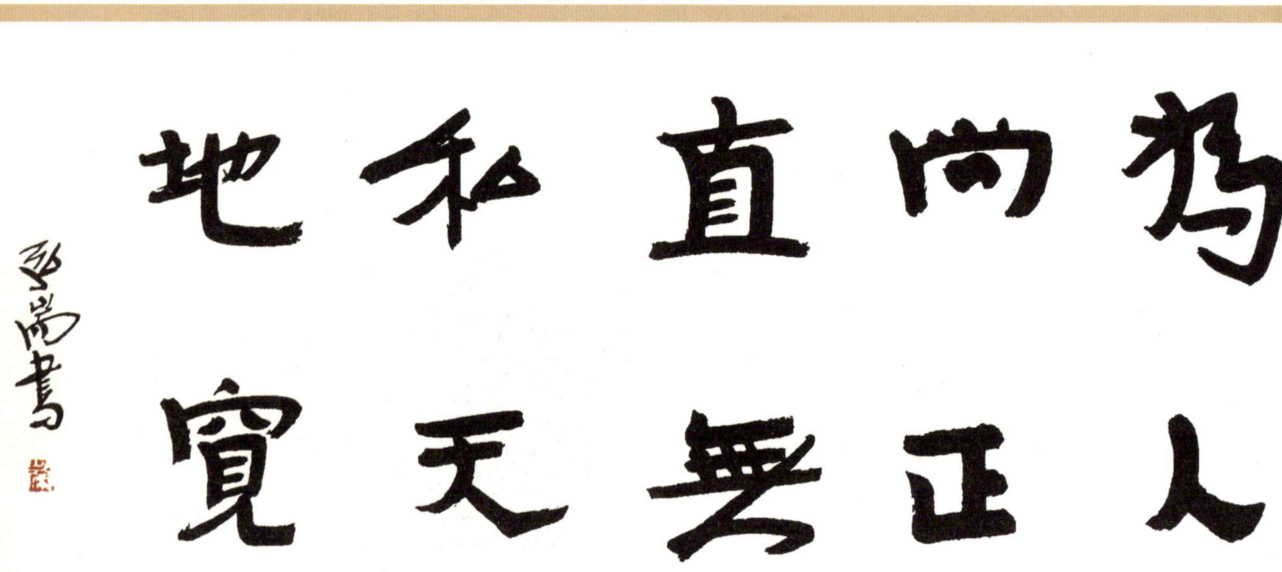

弘嵩先生书法—为人尚正直，无私天地宽

龙居宝鼎　庄重古雅

——汪寅仙制夔龙青铜纹四足壶

汪寅仙制—夔龙青铜纹四足壶

“遥远的东方有一条龙，她的名字叫中国……”中国的龙以东方神秘主义的特有形式，通过复杂多变的艺术造型，蕴涵着中国人、中国文化中特有的基本观念。中华龙文化内涵丰富，龙的形象经过历史的演化，呈现出不同的特点。中国历史上龙的造型演化大致可分为四个时期，即夔龙期、应龙期、黄龙期和回归期。

眼前的此尊汪寅仙大师的力作——夔龙青铜纹四足壶，即是创意取自商周时期青铜器造型的紫砂作品。夔龙的原型为湾鳄或巨蜥，一鸷（夙）足而四爪。商夔螭，一鸷足，二或四爪。此壶盖纽即是一夔龙，龙首独角，攀伏回首，四爪伏地，蓄势待发，似随时准备跃起，龙尾摆动分为两支，灵动有趣。

壶身肩部顺壶口以 17 片盾形作抽象夔龙纹连续图案装饰，营造出青铜器的特征，壶身底部以 4 个柱状鼎足托起整器。鼎足上饰以龙首纹，刻画精细。平口直流成锥形，流上中下部饰以饕餮纹，壶把以取龙首吐水式，龙首上方形成云纹，给人以吉祥如意之美意，把下以中空垂珠装饰。通观此壶，有古雅大方、庄严稳重、精致工整、内涵深邃的艺术特色。

以青铜器造型入壶，在中国紫砂壶史上自成一脉。明人周高起《阳羡茗壶系·正始》载："供春……今传世者，栗色闇闇，如古金铁，敦庞周正，允称神明垂则矣。"此大意是：传世的供春壶，具有色泽沉着，坚实刚硬，形制规正，敦厚笃实，极有神韵。明代的壶艺之风，与古雅之青铜宝器有相似之风貌。紫砂陶以其质朴古雅的气质、素面素心的特点，受到了历代文人雅士的追捧，得到了爱茶者的青睐。

此壶直流约以 45° 角向上张扬，既宜茶汤倾泻，又体现了此壶的艺术张力与古雅韵味。作为国家级非物质文化遗产的传承者，汪寅仙大师曾教导后学：制壶时，琢嘴要一气呵成，身要坐端正，腿脚要有力，要让壶流、壶把与壶身贯通一气。光素器要追求线条之简净，能以简写繁；花塑器要把自然的美浓缩到作品中，做到源于自然又高于自然。观赏此壶，我们不难发现在这稳重如鼎、大方洗练的造型之中，那精妙细致的夔龙装饰带给人的无限遐想和无穷意趣。

汪寅仙制—夔龙青铜纹四足壶

方正蓄势　德永贞吉

——申锡制段泥方础壶

紫砂壶艺五百年，造型之多，令人赞叹。清人吴骞在《阳羡名陶录》中这样描述砂壶之形："方匪一名，圆不一相，文岂传形，赋难为状。""方圆"变化之奥妙，全化在一把茗壶之中。紫砂器型的"方与圆"，暗合中华哲学思想中的"方圆之道"，以壶喻人，则需"外圆内方"，饮茶带给人以清明之思、以正气，得方壶之神气；把玩摩挲圆形之器，又使人感悟圆融之处世之度，"方刚"、"圆融"，把握其度方得其道也。

申锡制—段泥方础壶

清人申锡所制的这把白泥方础壶，壶身以方正直线为之，壶把、壶纽亦成直角、方块，唯壶流以三弯曲线造型，在方正之中又得流线之活泼。壶身两面分别以浮雕模制、陶刻饰以文字。正面浮雕模制铭文："永建二年造此吉祥铜瓦殷未央宫"，背面以刀刻铭文："需于泥，介于石，冽寒泉，永贞吉"，落款：子冶。壶底钤"茶熟温香"阳文篆书方印，盖内有"申锡"阳文楷书小印。陶刻者子冶，即是瞿应绍（1780—1849 年），字子冶，号月壶，上海名士。工诗词书画，最善画竹，错落有致，亦擅书法篆刻。常自制铭，题壶多行书，间作楷书，或画梅、竹于壶上，时人称为"三绝壶"。

清代嘉庆二十一年左右，陈曼生任溧阳县宰时，自绘紫砂壶"十八式"，请杨彭年等制壶，自在壶上刻铭，称"曼生壶"，开文人壶风。以陈曼生、杨彭年等为代表的文人艺人的共同创造，把切壶、切茶、切人生理想的铭文刻画于壶上，把紫砂壶艺的人文之风推向了一个历史的高度。

细考此壶铭文，发现文字出自《易经》三卦，品读颇感有味。"需于泥"，取自："需卦，九三，需于泥，致寇至。象曰：需于泥，灾在外也：自我致寇，敬慎不败也"；"介于石"，取自："豫卦，六二，介于石，不终日，贞吉。象曰：不终日，贞吉，以中正也"；"冽寒泉"，取自："井卦，九五，井冽寒泉，食。象曰：寒泉之食，中正也。"三卦之辞意结合起来，窃以为有如此意味：有风险在前，需学会等待，沙滩已经过去，已经靠近泥了，接近水了，事情一步步有了转机，但只要你不冒险、不鲁莽行事，就不会有危险。转机到了关键之时，更要表现出沉稳之态。清冽的泉水已经出来了，已可以饮用了。此时的你已经得了中正之道，德厚藏于内。因德行贞固，故永得吉祥。从紫砂茗壶泡茶的实际用途来看，佳茗需清冽之泉的激发，方能永得清和之味。无论是抽象还是具象，此壶所透露出来的人文意蕴含蓄深邃，令人百读不倦。

申锡，字子贻，清道光至咸丰年间人（1821—1861 年），笃志壶艺，以陆师道游宜兴玉女潭有"帝命主兹山，功成有申锡"之句，因而取此义命名。他善雕刻，喜用白泥，精者捏造，巧不可阶。若寻常之器，每用模制，鉴赏家自能辨之。尝与杨彭年、朱石梅等合作制壶。民国时的李景康、张虹《阳羡砂壶图考》赞申锡曰："考清代阳羡壶艺，能蔚为名家者，当推子贻为后劲，此后则有广陵绝响之叹矣。"

方正之品　探新求变

——顾景舟制墨绿矮八方壶

顾景舟制—墨绿矮八方壶

壶之造型，通变无穷。在“方非一式，圆不一相”之赞誉中，宜兴紫砂以其多姿多彩的造型艺术备受世人瞩目。顾景舟先生的这把墨绿矮八方壶，爽净精当，通体以“八”意呈现：壶体以三个八面围成八方体，八个面以陶刻诗文及制造年月落款装饰。壶面八方直角、直顶盖，至壶腹下收至圈足均是八方直角。壶纽为扁八方，与壶体形式相呼应，壶流、壶把均有棱线装饰。线条挺拔过渡自然，壶流、壶把与壶体线条互相呼应，流畅美观。在八方之中透以圆意，使人观之有成熟大气、方正不阿之感。壶形雄伟刚正，充满对未来的憧憬与希望，正与景舟先生“曼晞陶艺”之自我期许相印。

探究壶面陶刻铭文内容有：“逸情云上。助我诗人。松风竹溪。扫石品题。足以清娱。癸未春月，同仁和造”。这些铭文内容，均有暗喻与所指。“逸情云上”：逸情，指超脱世俗的感情。《后汉书·逸民传赞》载：“远性风疎，逸情云上。”“竹溪”：竹林与溪水。指清幽的境地。唐代周贺《如空上人移居大云寺》诗云：“竹溪人请住，何日向中峰。”另在《新唐书·文艺传中·李白》载“竹溪六逸”之典故：唐开元末年，李白与孔巢父、韩準、裴政、张叔明、陶沔居泰安府徂徕山下的竹溪，日纵酒酣歌，时号“竹溪六逸”。亦省称“竹谿”。金元好问《息轩秋江捕鱼图》诗之三：“正始风流一百年，竹谿衣鉢有真传。”“扫石”是指清扫山中场地，多指代修身养生者的居处。唐代戎昱《寄许炼师》诗云：“扫石焚香礼碧空，露华偏滢蕊珠宫”。元代张翥《豫章山房为见心复公赋》载：“扫石童来秋叶后，谭经僧坐昼阴中。”明代王守仁《山中懒睡》诗之二云：“扫石焚香任意眠，醒来时有客谈玄。”“品题”，则是指观赏、玩赏，对诗文书画等的评论。清代紫砂壶铭文曾有：“筐提筐提，松风竹溪，饮之清心，扫石品题”。曼生扁壶壶铭亦有“饮之清心，扫石品题”之遗存。此尊宝器铭文内容创制

顾景舟制—墨绿矮八方壶

引经据典，寄予作者“助我成为诗人”之清高旨趣。一壶纳嘉茶而容山泉初沸，在茶汤氤氲之中，茶灵隐现，饮之清心，茶心与人心相印。

在中华吉祥文化之中，八方不仅仅是方位，更是展现了一种通达的气度。“四通八达”、“八即是发”，蓬勃向上之发达生机勃勃之喻，无不受人喜爱。

整件作品为墨绿泥抟制，无其他泥色相杂。墨绿泥，亦是在泥料创新探索之下配得。壶体上刻“癸未春月，同仁和造”。即是在癸未年春由蜀山同仁和监制，顾氏所造。从公元纪年来看，癸未正是1943年，时年作者28岁。民国时造壶除摹古之外，亦有泥料创新探索，利用进口氧化钴料调配于紫砂泥中，是制壶艺师的探索创新之举。其与近年来业界毫无节制地添加化工料谋取暴利之为非为一事。在近年来学者访谈老艺人的记载中，不难发现他们津津乐道的一生壶事之中就有探索拼配泥料的佳话。

从当下来看，把一把泥幻化成一块玉，莫不是陶瓷艺师们永恒的追求。是君子，就会以与玉比德！在八方直心之求中，壶面不失曼生遗韵：逸情云上，助我诗人。谦谦君子之风，在品茶读壶之外，有诗句之心悟，是以彰显我之志向，不泥古，不同流，探新求变，刚直不阿。

江南的天空

涵世大德　禅悟汲直

——何道洪制大涵壶

身正直，耳偏大，于直正硬朗中略带厚润，是爱壶者与此壶目光相遇之刹那间的感受。内心有个声音告诉我：汝心已见大和尚，何须他处寻佛？此乃大涵壶也！此壶正、直、圆、润、厚、朴、文、智、涵，吾用九个字来感

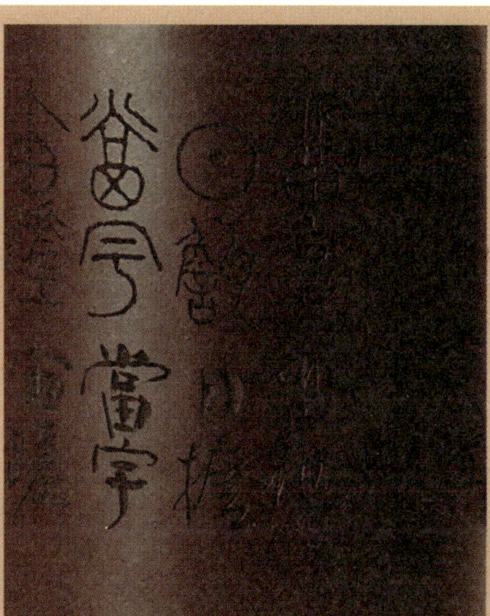

何道洪制—大涵壶

悟此壶之美，亦不能言尽矣！

此壶造型脱胎于曼生壶式之“汲直”，原意应是直爽无曲，从井中汲水之意。朱石梅摹《茗壶二十品》为承名世钩。每图题记，为陈曼生、郭频伽等人所署。其中有“汲直：苦而旨，直其体，公孙丞相甘如醴”。我们不妨从曼生汲直壶的铭文上来审视原型之创意：苦而旨，指茗茶，旨为唯美之意；直其体，指壶式，因其身筒为一圆柱体，直来直去，不事雕琢，挺然直立；公孙丞相，这里应是指汉武帝时的丞相公孙弘。当时有一“戆直”大臣汲黯，他看不惯丞相公孙弘的虚伪做作，直谏汉武帝提防，武帝却不以为然，公孙弘因而更加得意。铭文中“汲”字意双关，铭文则分作两段，“苦而旨，直其体”写的是汲黯，后段写公孙弘，以见薰莸不同器，君子不因小人而改节。综合视之，作者以苦为乐视苦为甘，面对人生路途上的挫折困境依然以直行道，不改本色！

而此大涵壶，虽造型极相似于曼生之汲直，但细品读其内涵及铭文，能感悟到隔世器虽不同，但追求壶艺之道同一也！此壶身筒铭文：爱惜精神，留他日担当宇宙；蹉跎岁月，尽此身再造乾坤。这句话见于清代山阴金《格言连璧·学问类》，其意是：要珍惜自己的精神，留待将来担待大业；让时间白白地溜走，这样的一生，是玷污大地乾坤的。“爱惜精神”何如？爱惜精神要以养元为本。培和气，养正气，植浩气，藏静气。讲操守，涵精力，增度量，行镇定。爱惜精神，日勤三省，夜惕四知。轻矫为重，浮矫为实，褊矫为宽，

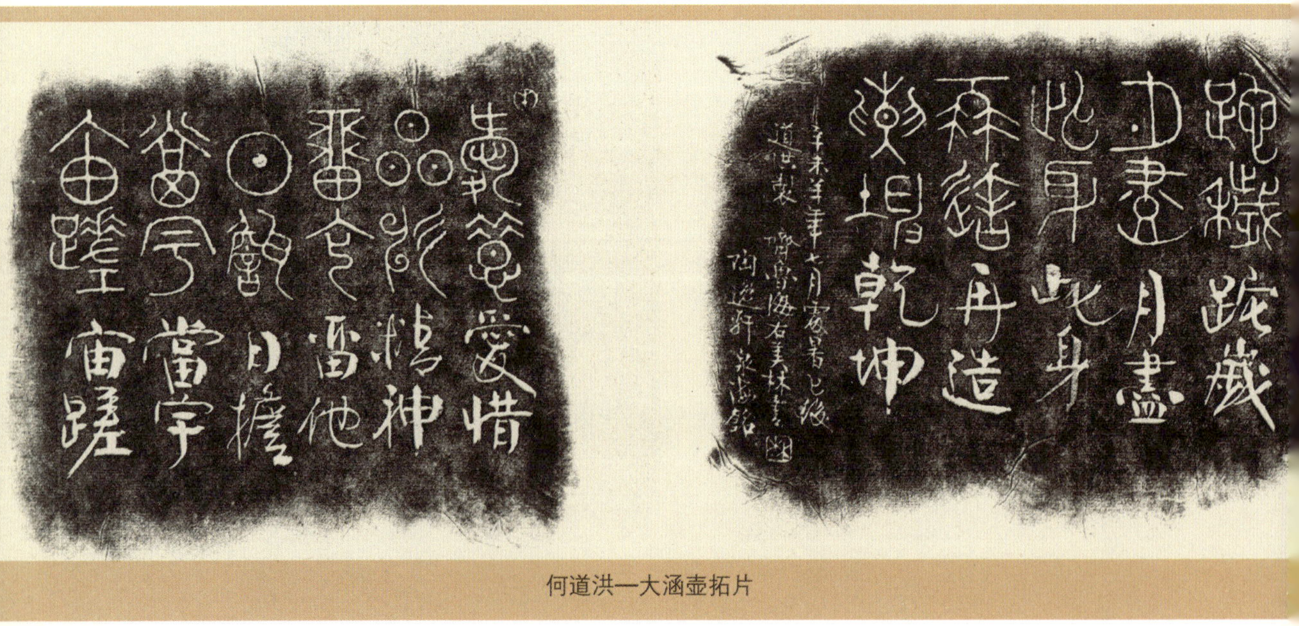

何道洪—大涵壶拓片

执矫为圆，肆矫为谨，奢矫为俭，忍矫为慈，贪矫为廉，私矫为公，放言矫为缄默，好动矫为镇静，粗率矫为细密，躁急矫为和缓，怠慢矫以精勤，刚暴矫为温柔，浅露矫为沉潜，刻薄矫为浑厚。爱惜精神，要谨言，要慎行，要约己，要清心，要节食，要寡欲。

通观审视，此等爱惜精神与曼生之汲直所追慕壶意，谁又能有异议呢？

大师另有力作之集思壶与此壶形似，集思壶底为收敛圈足，而此为直筒上下一如，更彰显了以直行道之志！

大涵壶之为砂宝重器，还因三位艺界大师联袂而就而难得。壶为中国陶瓷艺术大师何道洪先生所制，著名美术大家韩美林先生书铭文，陶刻是中国工艺美术大师谭泉海先生倾心镌之。大涵之壶名，亦是艺术家们涵古今大德，承壶道之训，器载中华文化之道的真实写照。

参禅静悟　禅茶一味

——汪寅仙制斑竹提梁壶

竹有千百种，以竹入壶者历代制壶名手多有为之。然此壶造型意取斑竹者，何也？想必大师造壶定情有所寄。据文献载，明人王象晋《群芳谱》云：“斑竹即吴地湘妃竹者，其斑如泪痕。世传二妃将沈湘水，望苍匆而泣，洒泪成斑。”张华《博物志·史补》亦有相似之载：“尧之二女，舜之二妃，曰湘夫人。舜崩，二妃啼，以涕挥竹，竹尽斑。”以上所言，斑竹似乎被人们赋予坚贞的美德，在隐隐之中，又似有哀怨之情。后人刘长卿《斑竹》：“苍梧千载后，斑竹封湘沅。欲识湘妃怨，枝枝满泪痕。”就直白地表明了这点点爱与恨的幽怨。

汪寅仙制—斑竹提梁壶

正观此壶，静谧中藏有动势。壶身为圆竹段，竹节壶身采用倾斜的曲线，提梁把手为双枝交叉，其竹稍延长线化于壶身竹节之中，给人以流畅抒怀之感。一段三节弯竹为流，向外伸展，欲吐香茗。双枝提梁壶把节间交叉富于变化，以明接手法处理，清秀挺拔。壶身装饰以陶刻，刻画出斑驳竹之伤痕，以泥绘螺旋纹饰壶，在米黄色段泥料的壶身上，跳跃出一个个紫红色的斑点，打破单色的沉闷，使壶体上增加几分色彩，平添一段人文故事。细品此壶，其造型中由两根细竹弯成的提梁，柔中带韧，动势逼人，使此壶增加轻盈之感、自然之风。再观壶盖，以圆形嵌入，严丝合缝，盖面虚起，贴塑一组修竹作装饰。其竹以正、侧、反、残、嫩等姿态为之。一把壶的壶眼，其点睛之处还在于壶纽的设计。此壶纽为一墨绿色的鸣蝉，鸣于高枝。隋人卢思道《和阳纳言听鸣蝉篇》云："听鸣蝉，此听悲无极。群嘶玉树里，回噪金门侧；长风送晚声，清露供朝食。晚风朝露实多宜，秋日高鸣独见知。轻身蔽数叶，哀鸣抱一枝。……"此情此景，似乎更暗合壶身之吴地湘妃竹之典故。

晋代陆机在他的《寒蝉赋序》中认为蝉有六德："夫头上有緌，则其文也；含气饮露，则其清也；黍稷不食，则其廉也；处不居巢，则其俭也；应候守时，则其信也；加以冠冕，则其容也。君子则其操，可以事君，可以立身，岂非至德之虫哉！"古代文人雅士，宗教大德高人们更是结合社会现象、自身经历和感受，寄托了诸多意象，使原本微不足道的蝉，具有了丰富的文化意蕴。尤其是佛家从蝉的诞生、化育、离世之中，参相悟佛。因与中国化的佛教"禅宗"之禅音韵相同，蝉也受到了人们的钟爱。

有人说，孔子是以有为求有为，老子以有为求无为，庄子以无为求无为，禅宗以有为求无为。在一壶清茗中，茶之清苦况味，应和了人生苦途。斑竹提梁壶包含了人生故事，寄寓了高洁的操守，在一壶苦茶之外，我们不难从蝉悟出如此的感悟：蝉在经过一次次蜕皮即蝉的身、心脱落的过程，彰显了新生命振翅高飞，走向生命中的一个精彩的旅程。人生之禅与蝉有似有相同之处，看得破，方能放下，才能自在自得。以茶修行，读壶悟道。平常心即是禅，万事随缘，让一颗向善的心归于淡泊、安宁、空灵。

汪寅仙制—斑竹提梁壶
（上视图）

观心觉醒　一灯悟佛

——曹锟铭玳瑁紫砂壶

面对眼前的这尊宝器，有非紫砂之感。原来是此壶以玳瑁装饰手法施以全壶之故。壶面上刻书法诗句一首，内容是 :“江路经庐阜，松门入虎溪，一灯如悟道，为照客心迷。会理知无我，观空厌有形，迷心应先觉，客思不遑宁。曹锟清玩，退乐轩藏。”细读此诗，第一感觉就是此诗切壶切茶。尤其是切壶之装饰艺术特色与壶型。

曹琨铭—玳瑁紫砂壶

诗句是一首禅诗，有“灯照迷路客，心常观空，觉而不迷”之意蕴。以玳瑁装饰，整体壶身呈抽象色彩之暖色态，极似山间茅舍的烛火，有烛火的金黄，有暗处的黑暗。这与诗句中的“一灯如悟道”切合。查阅历代诗集，

弘嵩书法—庭院无声绝世尘

不难发现，壶上诗句是集句以当壶之铭文，品读令人感悟。这些诗句是唐代大诗人孟浩然所作。“江路经庐阜，松门入虎溪。闻君寻寂乐,清夜宿招提。石镜山精怯,禅枝怖鸽栖。一灯如悟道，为照客心迷。”(《全唐诗》)。诗意是：你从江路经过庐山之麓，再经过松门山进入虎溪。听说你去寻找安静和极乐，清夜常常住宿在寺里。石镜之山虽然矮小，但佛门却是怖鸽的栖身之地。一盏禅灯照得人们大彻大悟，不再在凡尘中着迷。

“带雪梅初暖,含烟柳尚青。来窥童子偈，得听法王经。会理知无我，观空厌有形。迷心应觉悟，客思未遑宁。”(《唐诗·陪姚使君题惠上人房》)。诗意是:大雪过后,冬日高悬，梅花带暖，含烟柳树初绽嫩芽。我陪同姚使君去拜访惠上人，参悟佛法，聆听上人讲经。一旦对佛理融会贯通，顿悟自我本非实有，乃是因缘而成的假有,假有即性空,观照空理，厌弃假有幻形，因有则悟空。破除迷误，洗涤尘心，觉悟真谛。本当遁世入山，皈依佛门，但又客思翻涌，不遑安宁。反映了作者身处尘世，未获解脱，又心向佛国的惆怅之情。《止观》卷七云:“为无智慧故,计言有我。以慧观之，实无有我。我在何处？头足肢节，一一谛观，了不见我。”通过“析空观”离开对五蕴所合之“我”的执著，自然对有形的物质之躯产生厌离心。虽然不能全然离尘入佛，但还是清晰表明了诗人对清净佛门的向往之情。诗中的“会理知无我，观空厌有形”两句，表述了诗人对般若中道观在有无关系上的深刻理解，已达到对主、客体同时否定的境界。此诗谈佛说禅，不忘般若旨趣，是孟浩然别具风格的述理禅诗。

此壶造型是一六方，壶体、盖、纽皆为六方，从上面观之，呈节奏之美。自古壶式有“方非一式，圆不一相”之誉，中国文化又常以“外圆内方”为安身处世之要。从“六”方而思，六个面，六六大顺，乃讨民间吉祥风俗之口彩；也有暗喻“六度空间”、“六道轮回”之深意，通过观壶饮茶，而向佛法深处修行，彰显了此尊宝器的宗教文化内涵。

方壶之美是以严谨方正为上，此壶在谨言慎行的造型中装饰以修行意味的诗句，在把玩观赏之中，以壶修禅，能得顿悟之慧。壶体以暖色调抽象色块有机组合，恍若佛前燃灯，有点燃修行者心灯之温暖感。作为以玳瑁装饰紫砂壶的技艺，紫砂壶界中较为少见。

玳瑁，自古以来深得历代贵族或商贾富客之宠爱，被视为传世之宝，是万寿无疆之象征，玳瑁的背甲可以用来制作精美的装饰品，著名的汉代乐府诗《孔雀东南飞》中就有“足下蹑丝履，头上玳瑁光”的诗句。玳瑁饰品的原料取自玳瑁龟背部的鳞甲，系有机物。成年玳瑁的甲壳是鲜艳的黄褐色。此类饰品易蛀，清代晚期以前制作的玳瑁器至今已很难见到。

此壶经受岁月的变迁仍能装饰完整、壶体完美的呈现，令观者无不赞叹佛法之伟大。

虚心纳物　扁腹多容

——顾景舟制大扁腹壶

用心体悟扁腹壶，是从普冬先生的诗句里："扁灯——颜真卿用过的钵子，贾岛推敲了翅膀，从此就不飞了，留在禅房。"普冬先生对很多紫砂壶配上了诗句，我最喜欢的就是这一首。读顾景舟大师的大扁腹壶，常使我像听着空灵的禅乐进入了清心的禅境。

明代工艺之美，贵在简静。紫砂造型之美，与明式家具之简厚精雅极其

顾景舟制—大扁腹壶

相似，此中美学之韵备受文人喜爱。在繁忙的当代社会，自然简洁的造型似乎有涤烦去躁之用。这个扁灯，使我一夜一夜的想着它入眠。正宗的紫色，扁扁的造型，禅师的钵子，一切都是静心和虚怀。在这个浅浅的钵子里，明秀的茶在这里展其性，做壶的人通过这样简单的造型在诉说着对禅的理解和感悟。而吃茶的人呢，就在这样的钵子里泡的茶汤中，静心体悟人生百味，在这样的茶境壶语里，和做壶的人默默地心灵交流。

此壶色深紫，乃紫泥中的精品，身扁圆，壶体浅且壶口大，散热快，易观茶叶与汤色，宜泡绿茶。壶流以一弯流造型设计，出水圆长，壶流口不涎水滴。耳状壶把，端拿轻巧，手感舒适、自然。壶身整体协调、对称，具有节奏感。壶纽为扁圆，与圆状壶身相和。从壶盖上视此壶，扁圆形壶纽、圆形盖、圆形肩、圆形腹呈五个同心圆圈，如涟漪荡漾，十分悦目。壶盖与壶口处的子母线，略厚宽于口线，表达了合天盖地之造壶理念。远观此壶，呈现和谐之视觉美。壶盖倒置亦无倾斜之虑，亦是一趣。此尊壶之扁圆之虚心意，亦有谦谦君子之风也！造壶者云："壶矮一分，造之难三分也！"此壶材美、工巧、虚心、身扁、造型难度大，是工与美的和谐统一，光器之神品也！

顾景舟先生一生造壶谨严，追求形神气态的完美统一，尤其对光素器情有独钟。此尊宝壶未落一字，独以材质美、造型美、技艺美而令人怦然心动，欲罢不能。说不清到底有没有心灵感应。说没有，也许是自己的修行还不到；说有，也未必能真正体味到壶的气韵。只是在这样浅浅的扁灯里，心灯被点燃，紫砂的温暖可人和包容的气度在这里得到了真悟，大师虚怀凛然之风骨从扁灯中弥漫开来。

清・铜莲花纹钵

道法自然　观史通今

——徐汉棠制古兽窥今壶

历史是什么？有人说：历史就是一位任人随意打扮的小姑娘。也有人说，我们要了解真正的历史，要正史野史对照着看，方能对真正的历史了解个大概。但我们细细思之，就会发现我们总是身在特定的历史时空当中，很难解脱出来，尤其是作为一个旁观者。这尊由徐汉棠先生所制的“古兽窥今壶”，在稳重而有动势的造型元素组合上，选取了四种动物作为代表，昭示了自然法则、人生之喻。这是大自然竞争法则的昭示吗？还是我们在盲目而不停息的奔跑中，让自己遍体鳞伤，却不知何为？

徐汉棠制—古兽窥今壶

此尊宝器，显于诸多紫砂文化研究专著中。究其原因，不难发现，这看似简单具象之器，其实暗含了中华传统文化深邃的内涵。道家云，道法自然。“道”

让所有的事物成为他自己。四种小兽，大师创作时经营位置，不是随意而为，强化了大自然运化之位。那高低错落的位置，不正是彰显“道”吗？而《易经》的四大精神，即“位、时、中、应”，也强调了我们要从寻位、定位、安位之初，向人生的美好处不断探索。儒家之“修身为本”，也强调了“位”之重要。佛家之放下我执、分别和妄想来成佛，不也是一个“位”的变化吗？“古兽窥今”，古兽不古，今人观悟，以何为人，以何修行？在这尊充满祥瑞之气的宝壶上，我们不难找到答案。

徐汉棠先生生于紫砂世家，自幼习艺。1997 年获中国工艺美术大师称号。先生尤善制各式小型壶及花盆，风格干净利落，类似顾老，徐被认为是顾老壶艺少数真传弟子之一，被誉为顾景舟先生的“第一弟子”。

“古兽窥今壶”，稳重庄严大气的青铜器为壶身，壶嘴、把、纽、足所塑的四种动物均是出自徐汉棠先生的想象，令观者很难读懂是哪一种小兽。但也许就是这种充满争议的琢磨和不断的理解，更让人体会到了“迷人的艺术”的迷人之处。壶之全身饰以兽皮花纹，仿佛远古神兽穿越那文化之河，能够洞察古今，望穿未来。“古兽窥今”也因此而得名。整体上看，此尊壶方中有圆，采用冰纹与色泥的装饰手法，如同一尊雕塑，周正端庄，凛然大气。

若能拥有这样一尊宝器，惺惺着，日日品读，读壶品味人生，感悟历史，便不难感怀那幽远的茶道情怀，如同品读醒世恒言，有位有为。

壶上部及其纽部特写

徐汉棠制一古兽窥今壶（局部）

壶之经典　大成之器

——黄玉麟制树瘿壶

树瘿，乃树瘤也。江南寺庙多植银杏树，制壶者取法自然界植物，创作壶式，能发人亲近草木、自然之心。有研究植物学者言，能成树瘿者，树龄当在五百年以上方能生有此物。眼前的这尊树瘿壶，为段泥抟作，壶身与端把处“隐有指螺纹所现”，增添了此壶的自然意趣。

明代周高起所著《阳羡茗壶系》在“正始”中，则认为供春是紫砂工艺史上第一位被记下名字的名手。他又名龚春，是吴颐山的家僮，“颐山读书金沙寺中，供春于给役之暇，窃仿老僧心匠，亦淘细土抟胚，茶匙穴中，指掠内外，指螺文隐起可按。胎必累按，故腹半尚现节腠，视以辨真。今传世者栗色闇闇，如古金铁，敦庞周正，

黄玉麟制—树瘿壶

允称神明垂则矣。”但供春身世如何，紫砂界仍未有定论，也有学者提出供春为假托，历史上没有此人的看法。

从现存的古代紫砂典籍之中，树瘿壶的名气之大，以至于到了壶友间直接以供春壶为指代。学界对供春其人有无争论较大，但无论如何，名手大师都会以自己对供春树瘿壶的理解，来成就自己对树瘿壶艺之思考。树瘿壶几乎成为每一个制壶艺人必修之功课。

此树瘿壶，壶身为段泥抟制，壶把设计尤为巧妙，外观之为三叉式树枝，但倘若您用于泡茶，便能体会到端拿取用是何等的方便自如，从当今设计学而言，真是人体工程学应用的典范。壶盖气孔较大，出水十分流畅，工与用在此壶上能得以完美体现。壶体上看似粗糙散乱的凹凸树瘿纹路的设计，细观之便发现其中的阴文自然天趣，水流能自若流散开去。壶流设计自然而巧妙，有人观之，欲言又止。终于鼓足勇气说极其相似于孩童阳气之物，但人类社会，饮食男女，谁又能回避？谁又能否认文化之传承延续离得了饮食男女呢？

黄玉麟是清末最重要的紫砂艺人，曾经专门为储南强公配制缺盖的树瘿壶。现藏中国历史博物馆的供春“树瘿壶”，藏主储南强先生得之时已缺盖，曾请黄玉麟配盖，黄误配北瓜蒂柄形。黄玉麟之树瘿宝器，令爱壶者、造壶者怜爱有加，读此宝器得创作源泉。似乎从这件宝器上，我们更能进一步地领悟中华文化尊重自然、热爱自然的传统，这在当今时代，更显示了此尊壶的文化意义。

壶供真茶　老味新趣

——陈国良制供春壶

陈国良制—供春壶

明代周高起《阳羡茗壶系·正始》载："供春，学宪吴颐山公青衣也。颐山读书金沙寺中，供春于给役之暇，窃仿老僧心匠，亦淘细土抟胚，茶匙穴中，指掠内外，指螺纹隐起可按。胎必累按，故腹半尚现节腠，视以辨真。今传世者，栗色闇闇如古金铁，敦庞周正。允称神明垂则矣。"供春壶传世之作，名"供春"者数件，然何以确定为供春真迹？业界未能统一。近年来，连供春之人之有无，业界亦多有存疑。

1928 年，宜兴储南强公于苏州冷摊上识得的"供春树瘿壶"则成为了人们谈紫砂必云之物。储公识得的供春壶现如今藏在中国国家博物馆中，其造型技艺之精美，亦不失壶之藏品身份。供春及其树瘿壶，已经成为当今紫砂艺人壶艺人生中无法绕去的心结。

此尊树瘿壶则是作者在泥古中求新求变的八件作品中的第三件。壶体形似香橼，实则为仿银杏树瘿，壶体斑驳树皮皱褶遍布，纹理缭绕，短流粗壮微曲，出水流畅，壶把于中段分支作树根状，端拿舒适。壶盖形拟北瓜蒂形。壶口为不规则椭圆形，呈圆润六边，揭盖品茶，象征六六大顺，如意吉祥。壶体上装饰以三只红色小瓢虫，形态毕肖，错落有致，小虫奔忙其间，极富情趣。整体结构巧妙，造型古拙而不规则，幽野风雅，气度不凡。

东汉时期，佛教自印度传入我国，修行佛法之人，与山水相伴，于深山古寺之中多有修行。树瘿，乃树瘤也。江南寺庙多植银杏树，取法自然界植物，创作壶式，能发人亲近草木、自然之心。银杏树瘿五百年一结，此壶以树瘿为创制之源，彰显古韵。

江南阳羡之春，茶山新绿，茶芽劲发。“本山土砂，能发真茶之色香味”，以黄龙山之紫砂土抟制砂壶，以真茶供春，无丝毫杂念，人们以赤诚之心期盼一年的美好光景，期盼着茶叶丰收，期盼着人生福祉绵长。

供春砂壶，神工鬼斧，妙若天成。

陈国良制—供春壶（壶体局部）

追慕怀远　艺海永昌

——施小马制乐瘿提梁壶

东坡遗韵，供春之缘，面对此尊集多位紫砂艺术家智慧于一壶的乐瘿提梁壶，我们追慕怀远，感叹壶事。

施小马制—乐瘿提梁壶

在 1993 年，由宜兴著名紫砂名家鲍志强、施小马、徐达明、徐维明、鲍利安、胡永成、周鹏甲先生合制特大“乐瘿提梁壶”，随顾景舟访台赠送台湾知远研究发展基金会，作为沟通两岸纽带，为统一祖国之高档礼品。

此壶形制较大，以上等紫泥料精致而成。壶体呈圆匏瓜状，圆盖上以仿生树皮塑一枝段，取拿自如。以树瘿之纹理装饰壶体一圈，不规则状的树皮纹路宛若天成，于三叉提梁结合壶身处表现地更为显著，除得以加固提梁外，更是强化了肌理装饰艺术效果。在提梁壶的单叉于壶体结合处，刻有鲍志强大师的陶刻铭文记：艺海永昌之文。全文共计约 130 字。壶盖内钤有“达明、维明、小马、周鹏甲画、利安、永成”印款。

提梁壶之造型民间多传有东坡创制之说：苏东坡卜居宜兴后，发现宜兴有唐贡茶、金沙泉水和紫砂壶，正合对他喜饮茶之癖。但他嫌壶容量小，决定自己创制一大壶，在制作壶把的过程中，受造屋建梁的启示，遂制得大把壶一尊，后人纷纷仿制，称之为“东坡提梁壶”，简称“苏提”。

供春之树瘿壶，乃是紫砂界人人皆知的宝器。以树瘿为题，追慕怀古，造壶赠壶，联谊中华同胞，心心相印。我中华文化一脉相承，宝岛台湾、祖国大陆之文明一统，两岸同胞都是炎黄子孙。壶艺家们以赤诚之心抟制力作，藏者身体力行护宝，观者默默祈愿，天下华人传承中华文化，爱壶、爱茶，共品一壶，同是一家人。

施小马制—乐瘿提梁壶(壶体)

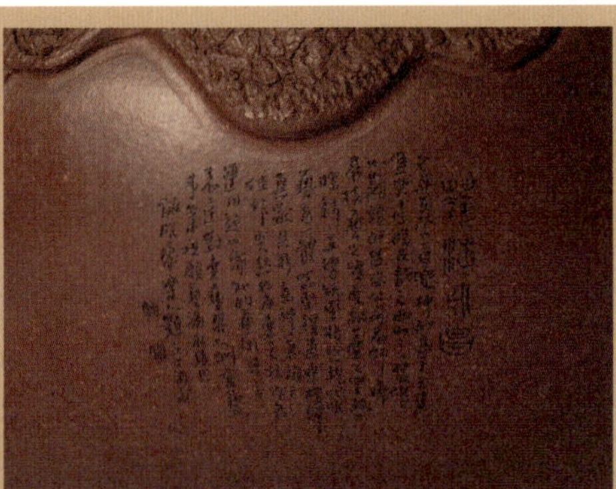

鲍志强刻—艺海永昌

联袂称绝　灵秀提璧

——顾景舟制提璧壶

君子比德以玉，紫砂因古朴素雅，温润如玉被人们称作紫玉金砂。砂壶之美，蕴涵着造物者的精气神，与金玉之美可比肩也！

由顾景舟精心设计（高庄共同参与设计）、精心制作、精心修改的“国之瑰宝”提璧壶，是顾景舟一生中花费精力最多、耗费时间最长、制作工艺最精湛的经典代表作。提璧壶从20世纪50年代到70年代历经长期反复推敲，创作而成。此壶是当代紫砂壶艺术珍品。吴山先生编著的《中国紫砂辞典》中如是论断：“因壶作提梁，盖面似古代玉璧，故取名‘提璧壶’。色泽紫中泛红。提璧壶主要由微曲线构成，每根线的起始与消失，每一边线的转折，每一结合的过渡，每一棱角的锐钝，都经刻意经营。壶盖严密合缝，壶纽大小得体，壶嘴舒

顾景舟制—提璧壶

出自然，提梁贯气有力，壶身雍容大度，壶底稳妥安适。整个造型简洁、圆润、端庄、明快；比例谐和，柔中带刚。集材质美、工艺美、内容美、形式美、功能美于一体，五美齐备，神气韵皆具，堪称壶中一绝。”此作不仅是顾景舟精湛技艺的表现，而且融合了高庄的艺术风貌和精神风韵，成为顾氏的重要代表作。在1994年5月5日第四届“中国宜兴陶瓷艺术节”期间，中国邮票总公司特发行一套“宜兴紫砂陶特种邮票”，其中顾景舟的提壁壶与时大彬的三足如意壶、邵大亨的八卦龙头一捆竹壶和陈鸣远的四足方壶，作为古今紫砂壶珍品代表作。

艺术瑰宝提璧壶，是高庄教授与顾景舟大师共同设计、创作的艺术结晶，是艺术家联袂合作创新的典范。

1955年夏天，时任中央美院教授高庄代表中国美术家协会来宜兴订购高档紫砂茶具，朱可心与高庄结为知友。由朱可心介绍，高庄认识了紫砂光货高手顾景舟，两人一见如故。高庄佩服顾景舟对紫砂工艺及其壶史、赏鉴的研究，并为顾景舟高超的工艺、精湛的技艺、善制工具的绝技赞誉有加。顾景舟佩服高庄对陶艺专业的教学研究、在陶艺雕塑创新和设计的造诣，尤其对他设计国徽浮雕图案而享有盛名，心中敬佩不已。两人因艺道相合，结为知友。

1956年秋，顾景舟和高庄谈论起紫砂提梁壶。顾景舟认为，提梁中造型制工最好的，当属清初邵旭茂所制的旭茂提梁壶。高庄认为，旭茂提梁壶是传统紫砂壶中的珍品，但形制不及时大彬提梁壶（指的是明末清初所仿制的藏于南京博物院的那把天香阁壶）。这次谈壶论艺，促使顾景舟萌生做一把紫砂提梁壶的想法。于是，顾景舟按照自己的想法，设计了一份集两壶的优点的提梁壶图纸，征求高庄的意见。高庄改完图稿即回北京。顾景舟根据图稿比例，先用泥做出壶体实样，然后装上壶流、壶把，琢磨思考，不断修正，直到自身满意为止。到1956年冬，这把紫砂提梁壶制成了。

1957年5月，高庄又一次来宜兴制作设计列宁、斯大林、毛泽东等像，看到顾景舟制作的紫砂提梁，赞不绝口。顾景舟却不满意，说有时间抽空要改一改。顾景舟要修改的理由，主要是从实用上考虑：现在的这把壶身直筒形，手感把玩较平直；把呈扁平状，手感把玩不舒服；流粗短顺弯，倾茶泡茶力道不足。

1957年年底至1958年年初，顾景舟第一次对紫砂提梁壶作了修改，修改点也就在壶身、壶把、壶流上。修改后，壶身稍呈弧凹形，更突出肩线与腹线，双手捧壶抚摸有舒适感。流茎瘦长，流根稍粗，中间瘦，至流口端再粗。流口孔放大，使倾水有压力感，出水更爽。而壶流的这一改动，使壶更协调一致，线与线、线与面、线与角之间更流畅爽劲。

60 年代后期，顾景舟第二次对紫砂提梁壶作了修改。此时，顾景舟的壶艺风格已逐步形成素朴灵秀之美。

1973 年，顾景舟第三次对提梁壶作修改。此次改动重点是升华壶艺的主题，提升紫砂壶如玉的精神。改动最大处为壶盖，用玉璧形象装饰。徒弟高海庚曾收集玉璧资料，供顾景舟选择。盖面双圈成玉璧，从上面俯视，壶盖整体为完整玉璧，壶盖沿口处用阳圈处理，留一狭窄的边沿，平盖下凹，平面上布满均匀的玉饰小圆点，中间留一璧饰圆孔代替壶纽。改动后的提梁壶称之为“玉璧提梁壶”。

1976 年年底至 1978 年，顾景舟第四次对提梁壶作修改。这次修改历经一年有余。从构思到设计，从设计到制作，顾景舟全身心地投入，由徒弟高海庚收集玉璧资料，精挑细选，使之符合紫砂茶壶的造型特点、实用原则，使之契合紫砂光货素器的精神实质、文化内涵。这一次，顾景舟摒弃玉璧具象的表达，而把玉璧的内在精华以抽象的手法，把玉的精神融于整个壶体。每条线，每个面，每个局部，每个细节，都与古玉的实质、温润、光洁、纯净有机结合起来，并使这些特点在整体造型上得到升华，达到紫砂光货素器裸胎艺术的最高境界和最佳表现形式。

至 1978 年夏秋之际，顾景舟历经四次修改，跨越 20 余年，用全部心血、精力、智慧创造的精致传统经典之作终于定型，并正式命名为“提璧壶”。

从提璧壶上，我们不难看到老一辈制壶名家所走过的艰辛历程，从事紫砂壶艺绝没有捷径可走。顾景舟在工艺上精益求精，设计上一丝不苟，工具改制上严格要求，无不在提璧壶上反映出来。顾景舟先生是当今壶界艺人的楷模，后辈艺人的一代宗师。

提璧壶被称为“国之瑰宝”，当之无愧。一件完美的艺术作品，集众美一体，灵秀生动，格调清新，气势端庄，风韵别致，是紫砂光货中素器裸胎艺术的杰出经典之作。艺术家的联袂合作，一次次精益求精的修改，不愧为紫砂壶史上的一座丰碑，受世人珍重、典藏。

尺八虚铃　汉铎清音

——顾景舟制汉铎壶

以乐器入壶，紫砂艺苑多有表现。所谓琴棋书画诗酒茶，饮茶用器，这些文人风雅之事必有互相应和参与之创。顾氏汉铎，其壶式仿晚清梅调鼎（号赧翁）铭、韵石制之汉铎壶。铎是中国古代的一种乐器，梅调鼎汉铎壶铭云：“以汉之铎，为今之壶。土既代金，茶当呼荼。”说明壶式源于汉朝青铜乐器，同时也指出紫砂壶之贵重，与黄金等价。

铎是什么乐器呢？许慎《说文解字》中对铎的解释是：“铎，大铃也”。形状有些像甬钟，但体积小。柄短而呈方形，体腔内有舌或无舌。有舌者可摇击发声。舌分铜制与木制两种。铜舌者为金铎，木舌者为木铎，盛行于中国春秋至汉代。《周礼·地官·鼓人》：“以金铎通

东汉陶俑（左边乐者，所吹即是尺八）

唐三彩骆驼载乐俑（左第一人所吹即尺八）

顾景舟制—汉铎壶

鼓”。郑玄注：“铎，大铃也，振之以通鼓”。《左传·襄公十四年》：“故《夏书》曰：‘遒人以木铎徇于路’”。注：“遒人，行令之官也。木铎，木舌金铃”。《尚书·益稷》就有句“戛击鸣球，搏拊琴瑟以咏”。《汉书艺文志》记载：“孟春之月，群居者将教，行人振要铎绚于路以采诗，献之太师，此其音律，以闻于天子。”《附书·经籍志》亦载：“古者圣人在上，史为书，瞽为诗，工诵篇谏，大夫规诲，士传言而庶人谤，孟春徇木铎以求歌谣，巡省观人以知风俗，过则正之，失则改之。”从古代文献中我们不难发现，宣布政教法令、战场战事、采集民风、教化育人等用途，铎在人们的日常生活事务中扮演了多种角色。

汉铎壶其身圆筒若钟，底部略大于上部，耳形錾，纽呈柱状，圆柱中间装饰以凸出环线，浑然一体，既简洁美观又提拿方便。壶流短直向上，给人力量和向上感，嘴部略突出，流根部粗壮，便于茶汤出水集束有力。全身无刻画装饰，仅以材质本来面目示人，整壶造型规整，线条流畅简练且比例协调，直中带弧，稳定中孕育变化，线面转换周正而舒坦；平嵌盖，盖沿与口沿严丝合缝、技艺严谨，令人感受到汉铎造型之魅力。

秋夜读此汉铎壶，耳畔仿佛传来了空灵清逸的尺八清音。何以故？中国尺八乐音之妙，仿若通神。其音如寒夜里吹过古竹林一阵风。中国尺八曲《虚铃》是现存唯一的一首唐代古曲，《虚铃》是《虚铎》所化。相传唐朝有一位禅僧法号普化，师事马祖道之门人，密受真诀，他游化镇州（今石家庄一带），出言佯狂，见人即摇铎高唱：“明头来明头打，暗头来暗头打，四面八方来旋风打，虚空来连架打。”此偈盛传于禅林，被称为普化四打活、普化铃铎偈。他居无定处，常常夜伏冢间、昼行街市，时而歌舞，时而悲号，世人都把普化当成疯癫和尚。一天，他在街上乞讨衣物，别人给他时，他却以要的不是这些而拒绝，这时临济

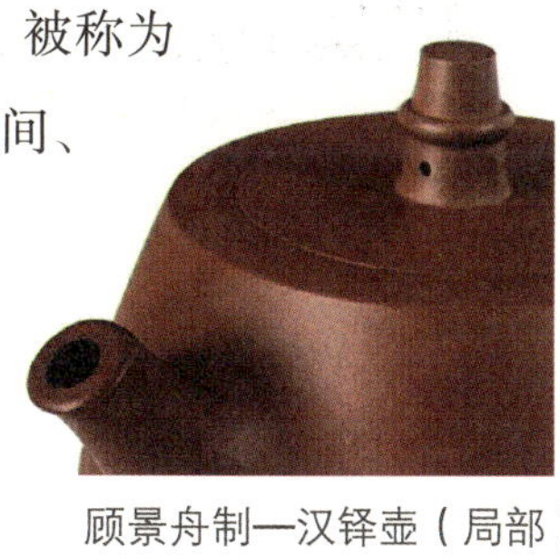

顾景舟制—汉铎壶（局部）

禅师买了一口棺材送给普化，他自己扛着棺材绕街嚷嚷：“临济为我做了衣物，我要去城东门转世去了。”街上的人听闻后竞随观看。普化禅师却说，我今日未，来日往南门迁化去。众人至南门，普化禅师又有变迁，如是三日，人皆不信，至第四日再无人随看。他独自出城躺入棺内，请路人帮他把棺材钉上。消息传开，大家都跑来观看，打开棺材一看，里面什么都没有，唯有远处碧空白云之间隐隐传来普化禅师振铃之声。河南府的居士张伯感叹普化铎音的美妙，曾经请求普化收为弟子，遭到拒绝。因张伯素善笛艺，于是削竹制笛，模仿铎音，把吹曲取名《虚铎》。后世又传为“虚铃”。张伯的后人张参将《虚铃》传于觉心和尚，觉心和尚又将《虚铃》传至日本，普化宗依着此曲作为“吹禅”之方便，“明暗双打，虚无吹箫”，以期“一音成佛”，这首绝世之曲缘此一代代传承了下来。

尺八其音神秘透明，深沉幽怨，音色圆润柔美、深沉含蓄，略带凄凉之感，从而给它的身世更增添了一层神秘色彩。闻尺八之音，生思乡情愫，更会深思：何处是家，心归何处？

禅门以尺八闻音“吹禅”修佛，以瀹茶吃茶“品味”悟佛，禅茶一味，心音无二，在紫砂之汉铎壶上，亦叙说了一段禅门往事。

尺八乐器

尺八吹奏

尺八吹奏

尺八墨迹

尺八

溪流兰花

声声不息　琴韵问鼎

——周桂珍制双圈三足大彬壶

闭上双眼，听壶上双圈轻轻的叩击声，在叮当声中，我们走近了环佩叮当的大彬如意壶。

周桂珍大师的这尊力作，其壶身圆润，秀挺可人，丰满有致，匀称得体，光洁素净，下有圆柱形三足，长直颈，口、盖密合无缝，桥形纽，套双圈，盖面光洁。大圆耳与流以奇特的方式相呼应，平实中有峭拔之态。气度宏大，

周桂珍制—双圈三足大彬壶

装饰简洁，表现技法娴熟，深得“时壶”三昧。尤其是我们从壶把、壶肩、三弯嘴的壶流由左向右观，壶身挺直饱满，在整体的稳健静气之中，浮动着一种洒脱俊逸之美。

壶上施以陶刻书画，内容是唐代著名大诗人王维《竹里馆》诗作：“独坐幽篁里，弹琴复长啸。深林人不知，明月松间照。”壶体对面则据诗意作女子弹琴图。诗画装饰，切壶、切茶，给人以一种恬淡雅静之美。

1984 年在江苏省无锡县（现在的无锡市惠山区）彩桥村明代华氏家族墓中出土了时大彬款如意纹盖壶，墓主为华师伊，南京翰林学士，万历四十七年（1619 年）卒于家，葬于崇祯二年（1629 年）。1994 年，国家邮电部发行四枚一套的《宜兴紫砂陶》邮票中，有一枚就是大彬壶。时大彬是紫砂史上的一个里程碑式的人物。时大彬号少山，又称大彬，时彬。明万历人，其生卒年代不详。其父时朋也是造壶名匠。时大彬是继供春之后知名度和影响力较大的一位制壶宗师。后人对其作品评价甚高。如“千奇万状信手出”、“宫中艳说大彬壶”、“明代良陶让一时”等。

周大师曾这样表达她对光素器创作的看法：“光货，又叫光素器，我是跟顾（景舟）老学的。光素器，线条要‘挺’。可能和我跟的老师有关，我喜欢那种光素的东西；还有是我的个性，我喜欢简洁大方。对光素器，我的理解是：一件好东西，它不用加任何的修饰，就能看出它的自然的美，这个才算最高境界。工艺这个东西，就是不能有俗气。”大师如是说，大师也是如是创。

在古代经典器形上有所创新，在壶体上施以诗词书画篆刻，不仅提高了壶之文化内涵，也彰显了一代大家尊重传统、不泥古人、敢于创新的优秀品质。

楚汉风韵　繁华似锦

——季益顺制楚汉风韵壶

在中华文化的历史长河之中，开拓进取、宏阔包容的汉代文化是中华传统文化成熟的标志，具有多元性、统一性、包容性、和谐性与创造性的文化特征，使中华传统文化具有了“博大兼容”的特点。季益顺先生的这件“楚汉风韵壶”立意深刻，工艺精湛，文化气息浓厚。在此壶上综合运用现代的线条和传统的构图，通过汉文化中的玉器造型螭龙的形象和楚国马王堆漆器

季益顺制—楚汉风韵壶

如意纹图案的刻画，表达了浑厚大气、兼容并蓄的楚汉文化的特色，在大气沉稳中透露出精致纤巧。

观此壶,雄踞壶盖上的两条螭龙夺人眼目,令人久视不倦。汉代许慎撰《说文解字·虫部》有释:“螭，若龙而黄，北方谓之地蝼，从虫离声或云无角曰螭。”其形盘曲而伏者，称蟠螭。躯体比较粗壮，有的作双尾状。此壶中作者把两条螭龙设计成太极状，一起一伏，双目凝视，相互呼应，彰显汉代玉器螭龙之气象。壶身为圆形，肩上饰以一凸线，壶面犹如汉之玉璧，显现简约庄严之意蕴。壶身在紫泥胎体上运用了综合装饰手法，以刻画、色泥彩绘、金丝镶嵌等表现手法，再现了汉代楚地马王堆漆器上的如意纹图案之美。壶把作四方，把与身结合处即为装饰纹相生处，壶流作六方，线条并非均等，而是以如意云纹装饰线收拢于壶嘴。壶把设计成壶流飞把,其与壶流前后遥相呼应,气韵生动。

从壶之上方观之，两条螭龙成太极式相互呼应，犹如汉代铜镜之纽，使人发观史鉴今之慨。再细品螭龙,其形貌神态生动活泼,尤其是尾部的卷草形,增加了壶盖上的流动感，与壶身、流把所形成的流动感相互统一。螭纹最早见于商周青铜器上，是和龙纹非常接近的一种题材，有“螭虎龙”之称。从龙文化的角度看，螭龙是龙九子中的二子，习性好张望或好险，作为殿角的走兽，也可压火灾。除了防火，螭龙还寓意至尊气派，因此螭龙常伏于印章提纽，乾隆皇帝就有一枚青玉螭龙玉玺。螭龙寓意美好而吉祥，也寓意男女之间美好的感情。

此壶设计以汉代玉器元素入壶，设计表达精妙。汉代玉器具有雄浑豪放的风格，其动物的造型一改抽象的图案为非全貌的写实图案，生动优美，转折有序，幻想与写实交错，有慑人魂魄之势，浮雕螭龙更为挺拔，都是站立形态，故又称之为“真浮雕”。此壶纽圆雕螭龙寓意美好，壶体圆润如玉璧，金丝镶嵌彩绘云纹吉祥如意，使得整个壶意彰显出一种太平盛世所具有的恢弘大气，以及兼容并蓄的文化内涵。

冷俊华美　流光溢彩

——清代清德堂款炉钧釉汉方壶

这是紫砂壶吗？几乎每一个热爱紫砂壶的初探者都会发出这样的疑问。炉钧釉装饰紫砂的手法清代即有。它是在烧过的紫砂壶上施以蓝色的珐琅釉，复入炉中以 800 ～ 850℃的低温烧成。这种周身上釉的装饰，即是炉钧釉，宜兴紫砂界称画彩釉、上满釉，创始于清雍正年间，一度盛行于嘉庆、道光年间。这种装饰工艺是受到了瓷器釉上彩工艺的影响。《南窑笔记》载："炉钧一种，乃炉中所烧，颜色流淌中有红点者为佳，青点次之。"从传世宝物看，乾隆时期的炉钧釉面流淌小，以蓝点为多。

清德堂款—炉钧釉汉方壶

清代阮葵生《茶余客话》有："近时宜兴砂壶复加饶州之鎏……光彩射人却失去本来面目。"用满釉形式装饰的茶壶，给人的印象是件瓷器，有华丽之感，而不像陶器具有质朴之态。由于施釉彩，紫砂壶的透气性便丧失了，影响了其功能的发挥。

炉钧釉装饰的形成，大致有三种情况：乾隆时期瓷器的装饰出现了烦琐的倾向，紫砂陶装饰风格不会不受到影响；紫砂陶的器形，在经过明末的始创和时大彬、陈鸣远的发扬光大后，陷入了因循守旧和陈陈相袭的境地，在呼唤创新精神，力变狭窄、守旧的局面时，釉彩装饰华美的诱惑力是相当大的；作坊主对残次品的一种补救措施，在产品发生这样或那样问题的时候，釉彩有遮盖疵点的功能，所以炉钧釉装饰的茶壶多为实用的普通大壶，它适应大众的审美要求，让普通的紫砂器别具一格，别有韵味。

据民国时的李景康、张虹《阳羡砂壶图考》载，“清德堂”为清初著名文物鉴藏大家宋荦游宜兴时所定制之堂号。宋荦（1634 — 1713 年），字牧仲，号漫堂，又号津山人，晚号西陂老人。此尊汉方，壶体扁方形，壶流以四分之三平贴壶身，把圈寓方，纽为桥梁式，壶盖密压，盖口吻合，气势摄人，雄浑肃穆，简洁洗练，方正大气，呈现壮美大雅之气，彰显汉风气韵。通体是以素雅蓝色釉彩装饰，流光溢彩，令人在心意烦乱中心生冷静俊雅之气。

雅舍供奉，观拜品读，从审美心理上，有如此之觉：似古大德棒喝，益增勇往直前之心，甚善，甚善。

清德堂款—炉钧釉汉方壶

龙鼎蕴味　寿享千载

——范曾铭、周桂珍制三足环龙壶

辛亥百年，纪念中山。回想孙中山先生撰《建国方略》大作。书中曰："我中国近代文明进化，事事皆落人之后，唯饮食一道之进步，至今尚为各国所不及。"在饮食器物中，鼎无疑最具有文化象征意义。鼎初为食具，后又为礼器，象征国家权力。鼎亦是贵族身份的代表，是政权和财富的代言之物。黄帝鼎成，得道天下；大禹鼎成，四海攸同；商王成鼎，风调雨顺。而鼎上有龙，更寓意了皇权之威仪。以鼎为型，以龙和之，环佩至高处，三足鼎立，乃成此器。

此壶以段泥为料，扁圆鼎型壶体饱满而稳重，龙首拔地而跃成半圆状鋬，蓄势发力入壶体，似能力透壶壁从壶流处倾出。壶体呈半球状，三足托起，呈鼎立之势；短圆壶流一弯，直指问天，不卑不亢，和谐有度。壶口饰一饱

范曾铭、周桂珍制—三足环龙壶

满圆粗线装饰，使壶形有变化起伏之美，增强口部张力。壶身以书画装饰，内容以龟寿文化诠释。全壶神龙见首不见尾，灵活动态的玉环为纽，盖以嵌盖与壶身密不透风，彰显壶意内敛财富，蕴玉生香。倾倒壶流出汤，似壶鋬龙首指令，寓意财源不断。从古至今，“龙”被视为最为自然的原始力量，象征着权力、长寿和勇健。整壶将现代意识和传统艺术融为一体，以富贵权寿为题，表达了中华文化中人们对美好生活的追求与向往。

壶铭是著名书画艺术大师范曾所作。一面铭书法：“千载寿，庚午，范曾。”一面铭画：“翘首前行的龟与卧石图景”，落款“报冲斋主范曾”。此壶为著名紫砂名家周桂珍大师所制。其造型设计源于其先生高海庚生前创新壶艺之作。书画名家与紫砂高手联袂之力作，珍稀难得。

一壶清茗，可清心涤烦，可延年益寿。“不止与米，相期以茶”，人们对耄耋老者的深深祝福超越了一个世纪！茶寿不仅仅是一百零八岁。在如鼎的龙鋬三足壶上，有千年龟寿的期待，有壶盖纽上叮当作响的环铃警示：追逐幸福的龙的传人啊，革新与传承并不矛盾，传统即在此。何不小歇片刻，在一壶孕育的茶香里，以片刻的悠游，让心安住在当下。

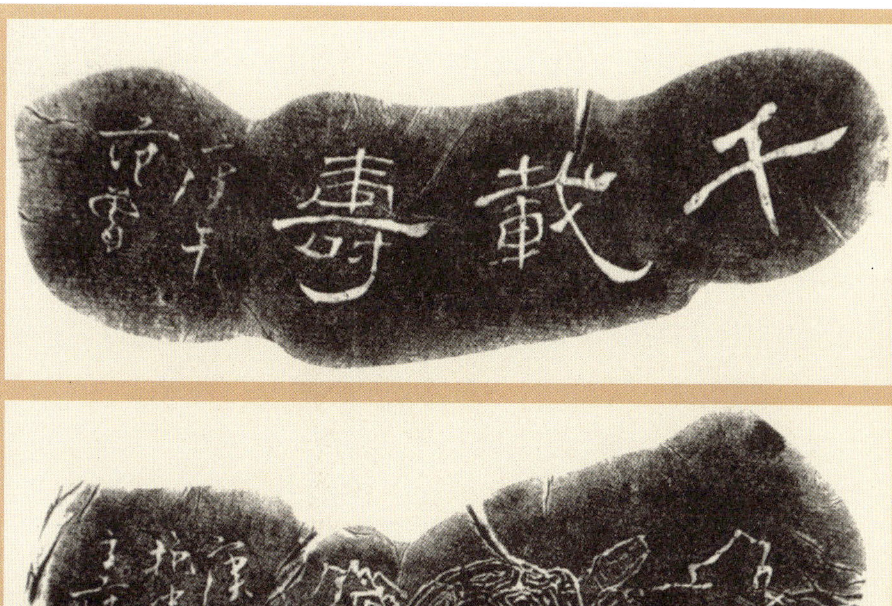

三足环龙壶—壶身陶刻装饰拓片

君子三友　清正直行

——何道洪制岁寒三友壶

作者以松竹梅为主题，运用多种泥色和塑、贴、刻等多种技法制成。段泥圆筒壶身，挺括雅洁。壶盖如竹节，盖面贴塑褐色松段，松段主干作壶纽，上饰松果数颗，松针五簇。针叶历历，两只刻划细腻的松鼠戏于其间，形态生动可爱。深褐色梅干做成提梁，棱角分明夸张，壶身一面饰绿梅数朵，另一面饰竹叶数片，以墨绿竹段为流，屈胥有致，妙不可言。壶把和壶流形若树干，整体造型颇有自然之意。恰切地表现了翠竹冲虚简静、妙粹灵通，梅树冰肌铁骨和松的坚毅不拔、坚贞不屈的高贵品格。作品主题鲜明，含义深邃，造型优美，形神兼备，风格端庄，为何道洪大师的壶艺力作之一。

岁寒三友，是松、竹、梅。松竹经冬不凋，梅迎寒开花，故名。宋代林景熙《霁山集·五云梅舍记》载："即其居梁土为山，种梅百本，与乔松、修篁为岁寒三友。"《清高宗御制诗》三集："南宋马远有'岁寒三友图'，所绘松竹梅。……三友图在内府，乾隆帝有题诗。"依此可知，宋代人们即把松竹梅作为岁寒三友。人行世上，漫漫苦途，不能无友。何以交友？孔子给出了答案："益者三友，损者三友。友直，友谅，友多闻，益矣。友便辟，友善柔，友便佞，损矣。"（《论语·季氏》）此句中的直，乃正直；谅，乃诚实；多闻，乃见闻广博。这样的三友是真正值得交往的好朋友。整句话的意思是：有益的朋友有三种，有害的朋友有三种。结交正直的朋友、诚信的朋友、知识广博的朋友，是有益的。结交谄媚逢迎的人，结交表面奉承而背后诽谤人的人，结交善于花言巧语的人，都是非常有害的。古人以松、竹、梅三者，斗严寒，傲霜雪，坚韧不拔，正气凛然，比德于君子之风。由此观之，我们若是能结交若松、竹、梅之品性高洁的君子，则能德行深广，臻于至善。

以竹段为体，是乃虚空容物，比德君子。古人爱竹，种竹，以竹之空，比君子坦荡之德；以竹之直，比君子刚正；以竹之节，比君子节操。竹立根破岩，坚韧挺拔，不屈不挠，是为高风亮节的君子也！此壶以竹段为主体，是强调了此壶之清正坦荡直行之品性，辅之以梅之清气，松之厚德古意，再加上顽皮的两只松鼠，更为此壶增添了一种君子怀德、包容大度之风。

紫砂器中单独以松、竹、梅成器者众，但能遇见融松竹梅三友为一壶者更难。今遇何道洪大师的早期珍品佳作，品读之余，再一次感受到了见壶如见人之壶训。读壶悟道，要做德艺双馨之士，无论壶界内外，莫不受用也。

何道洪制—岁寒三友壶

冰心一片　高士清廉

——顾景舟制平盖莲子壶

阳羡壶谚云：“三脚石瓢四脚炉，丰为莲子扁为鼓。”这壶身比仿古壶稍高一些的圆器便是莲子壶了。考证莲子壶造型的来历，似乎很难说清其创意源头。有好壶者考出至少有两说。其一，源自流行于明朝崇祯年间的“莲子罐”，直口垂肩圈足，鼓腹长圆身，附盖者盖面略鼓，整体造型似一颗莲子。后又变化出高莲子、古莲子、大莲子等，由古朴敦厚而化为清秀俏丽之美，秀出清初莲子壶的风貌。其二，壶身较矮，亦称扁莲子，壶式若扁墩、仿古井栏，纽变桥式为圆珠或牛鼻，易名为平盖莲子或牛盖莲子。这种变化，从壶式中彰显典雅的书卷之风。

顾景舟制—平盖莲子壶

此尊平盖莲子壶，正是源自第二说，身筒矮若扁墩，纽为桥式，圈鋬，二弯流，直颈，平盖，盖缘略大于壶口，子母线饱满而清晰，盖与身筒和谐，呈天人合一之态，见壶即觉有清气扑面而来，令人喜爱。壶身两侧分别铭有书法及绘画作品两幅。铭文是："冰心尚在"。绘画为水仙花一束，落款为"玉屏生"。

整壶意赞清廉之高士也！造型源于莲子，莲出淤泥而不染，濯清廉而不妖，"清莲"谐音"清廉"。又壶身矮，宜沏泡春绿，清鲜淡绿之香，更是从动与静之中诠释了对清廉高士的追慕与神往！国人饮茶尤爱绿茶，绿茶内敛而清冽，涤烦去腻，品啜静思，修无为之道。莲具有顽强的生命力，曾有考古者从数千年前的古墓中发掘出古莲子，种植以河塘，能依然亭立于淤泥，开清香淡雅之花。莲有如此之风貌，无怪乎佛教会尊此花为吉祥之花，视若觉者。

壶铭"冰心尚在"，应是由唐诗而化来：寒雨连江夜入吴，平明送客楚山孤。洛阳亲友如相问，一片冰心在玉壶。此诗乃王昌龄所作《芙蓉楼送辛渐》，诗人用寒冷之雨、连天之水、孤山远景衬托送别友人时的气氛，用冰心、玉壶作喻，向远方的亲友也是向离别的辛渐表明了自己心地纯洁、厌弃功名、决不与世俗同流合污的高尚品德。全诗即景生情，寓情于景，含蓄蕴藉，韵味无穷。作者追慕清廉高士的冰清玉洁之心，无夹杂、不犹疑，被世人传为佳话。

壶面绘有一束水仙，其花开冰清玉洁，洁白的花瓣、鹅黄的花蕊，在翠绿花叶衬托下香远益清，清鲜怡人。清代郑绩《梦幻居画学简明·谕草本》："水仙，宜于水，其花莹白可爱，有飘飘欲仙之意。头根似蒜（头），外色赤皮，叶如萱草……叶中抽一茎，苞含数蕊，花开六瓣，淡白卷皱，心黄如杯，故有金盏银盘之名。"此陶刻绘画刀法娴熟，仅寥寥数笔，便妙趣横生。花中仙子，茶中高士，壶里禅心，在一尊素朴简淡的土砂之器上，静心品读，我们再一次得到了灵魂的洗礼，感受到纯洁冰心的芬芳。

一壶香雪　两袖清风

——莲蒲铭、兰娟清品款香雪壶

一壶香雪伴梅花，两袖清风是清廉。在饱含老味的清代兰娟香雪壶上，我们仿佛看到了一位清廉的高士与爱壶之人论道梅花间。

莲蒲铭、兰娟清品款—香雪壶

此尊宝器壶身较矮，亦称扁莲子，与扁墩、仿古井栏壶式相似。莲出淤泥而不染，寓意清廉。扁莲子壶式扁圆，身筒低矮，壶口硕大，压盖，字母线饱满匀畅。壶纽为江南水乡常见的拱桥形，桥洞若弯月，取拿自如。壶流一弯，鋬呈环耳状，端拿合度，出水畅爽。壶盖上以陶刻铭文有："壹壶香雪，辛丑年夏日莲浦铭"。底款为"兰娟清品"。此壶清水泥料纯正，色泽温润，素雅端庄，做工精良，触觉滑润，堪称同类紫砂壶中的经典之作。

壶铭篆印与清代两位艺师有关。姚漓泰（？— 1860），字莲浦，清嘉庆道光秀水（今浙江嘉兴）人，诸生。嗜古有癖，研画理，家富藏储，耳濡目染，点笔写生，辄饶清韵，乃鉴藏家。帅翰阶，字兰娟，清代奉新（今江西奉新）女诗人。壶之所创是辛丑年夏月，即是在公历 1841 年夏季 6 — 8 月间。正是中华民族遭受外强侵略，生存危机空前之际。内忧外患，令无数文人志士立志明道，探索民族存亡之出路。有志之士律己修德，积极有为。

此壶式造型源于莲子，莲出淤泥而不染，濯清廉而不妖，“清莲”谐音“清廉”。又壶身扁圆口阔，宜沏泡春绿，绿茶内敛而清冽，清鲜爽净之香，淡雅清幽之味，茶汤灵动与砂壶静置之中，诠释了饮者对清廉高士的追慕与神往！国人尤爱绿茶，涤烦去腻，品啜静思，禅意茶思。作者以清廉的莲子、冷傲的梅花作喻，表达了自己的志向与当为清廉高士的内心期许。

壬辰春日，睹物怀古。愿当下之中华仁人志士以清廉高德行道，为天地立心，为生民立命，为往圣继绝学，为万世开太平。

莲蒲铭、兰娟清品款—香雪壶

书房雅物　静中生动

——杨季初制牧牛笔筒的风水之美

明代周高起《阳羡茗壶系》曰："几案有一具，生人闲远之思"，这是夸赞紫砂壶的句子。然而，用在杨氏牧牛笔筒上，细细品来，竟也是十分的贴切。

杨季初制—牧牛笔筒

清代唐仲冕《重刊荆溪县志》（清光绪刻本）卷四载："杨季初，菱花壶甚工，与陈汉文同时。"是清代雍正、乾隆时期宜兴紫砂名工。工治壶，擅制笔筒文具，亦精于泥绘。其描画清雅妍秀，底钤"杨季初"篆文方印。

紫砂器中笔筒属文房用品，在明清时期，地位要远高于其他紫砂器具。在故宫博物院、南京博物院、苏州博物院所藏紫砂器中，均有杨氏笔筒珍品，然而以牧牛图为内容的，尚未得见。

此杨氏牧牛图笔筒口底相若，口部略宽大，呈一筒状，浅黄色砂胎，肌理细致，包浆温润，造型端庄古雅。筒壁外以粉红、赭、褐等泥色绘制通景《牧牛图》，所绘景致静雅生动，反映出清中期文人阶层的审美风气。紫砂文房器古朴淡然，不媚不俗，恰暗合文人娴雅温厚之品性，为世人所珍重。

泥绘装饰流行于清代十七世纪晚期，即是用紫砂泥化为泥浆，利用壶胎的吸附性进行堆雕绘刻、画工细雅，恰似田黄石的薄意雕，素净精雅。杨氏写此牛，以泥代墨，运以淡、浓、焦、渍染之法出之，水牛的质感、动感跃然筒壁之上，牛角及牧童衣纹线条，笔法古拙，极具力度感。二牧童一俯牛背之上，一牵牛之缰绳，相与攀谈，垂柳数枝，摇曳随风，笔力遒劲老辣，写出江南一片春色。笔墨在境象之外，气韵又在笔墨之外，境象笔墨之外，自别有画在。

丁曦元先生在《艺术风水》中曾经对艺术作品作了这样的评述："静穆者伟大，而动势风水亦更有魅力，流动之空间更美。难于静中生动；而动中恒静更难。"此件作品从艺术风水角度看，极其契合先生之论。宋人李迪《风雨归牧图》乃是中国画之无上神品。其画意与这件牧牛笔筒有相似之妙趣。

李迪《风雨归牧图》

李画内容是村野溪岸，着意写风雨之势，风雨自上而下，由左而右，从高柳枝上压下，从坡岸叶丛中袭来。风雨密匝，二牧牛童正冒风雨驾牛而归。风雨飘摇，气从亥位而出。

笔筒乃书房必备之物，其气乃静。静中有动能得雅趣。以艺术风水视角来品读此牧牛笔筒图：首先，在笔筒一周的画幅上，我们能大致确定气口的位置是在牛背上孩童的上方，左手上指至筒沿的位置。气从这里来，由此顺着柳枝摇动的方向，气运右下方，即是亥位出去。图中犟牛嘴角眼凸，角棱脊骨，起伏微妙。它怒目圆睁，正与地上小童较劲,给画面中增添了内力。牵着牛鼻子的绳子以平下斜向施力，其延长线指向亥位。犟牛身上的两个旋纹，以顺时针方向绘制，其气分别顺着牛腹及后臀左后侧腿部而气走地面，给人以稳重之感。位于牛身上的小童，似乎非常不满意地上伙伴的制牛之法，正摆手似乎在告诉他如何降服这头犟牛。他右手紧抓牛背之皮毛，胳臂线条与牛体的旋纹相切，彰显和谐。再看地上小童的身姿动作，他左脚抬起，右脚用力蹬地，身体后倾，施力于牵牛之绳。与之相呼应的犟牛，则三足蹬地，抬左前足与小童较劲。犟牛抬起的前足与地上小童的左脚构成了一种呼应关系，使上气不散于画面底端。再观右侧古柳，其垂枝向右侧下垂之，形成以向右侧下的弧线，与诸多线条汇合，从右侧下亥位倾泻而出。另外，整个图上牛前方及其左侧是山坡上散淡的浅草及其灌木，表达了一种草木生长的静气。由此可见，从整体上看，该笔筒书画动静相生，充满了童趣以及人与自然、人与动物相和谐的意趣。

以牧牛为题材的书画作品，历来艺人多有创作。尤其是佛教中以牧牛来说法，令修行者参悟。中国佛教禅宗自唐朝“马祖建丛林，百丈立清规”正式开始过上农禅并重的生活。禅师在开示说法中少不了以日常生活的经验来训诫弟子精进修行。以牧牛来譬喻禅修方法并非偶然现象。佛遗教经说：“汝等比丘，已能住戒，当制五根，勿令放逸入于五欲。譬如牧牛之人，执杖视之，不令纵逸犯人苗稼。”凡夫未修行前不知守法，不知持戒，胡作非为，造诸恶业。如狂牛野性难调难伏，被色身贪欲驱使侵犯别人的庄稼。《法华经》把大菩萨的境界喻为大白牛，这里把沉沦五欲的凡夫喻为头角狰狞的黑牛。佛经中把善业叫做白业，把恶业叫做黑业。在禅修境界上凡夫闭目所见内心一团漆黑，即是被五蕴黑云所障，若能证见自性，则能无相光明。

杨氏笔筒牧牛图正是借用牧人驯牛的经过，以牛寓心，以牧人喻修行者，来表现佛门弟子调伏心意的修正过程，以及佛教禅宗“以心为主”、“见性成佛”的基本思想。修行人要求得解脱，只要自己修心炼性，自悟净心即可，不必心外求佛。

明人陈继儒在《小窗幽记》中说：“闭门阅佛书，开门接佳客。出门寻山水，此人生三乐。”明清之文人雅士书房雅舍，无有不读佛书。在案头目之所视的笔筒上，能得山水之乐，能悟慑服“犟牛”之心，谁又能反对品读笔筒不是修行呢？

生态茶园

伴读助思　文人雅趣

——汪寅仙制岁寒三友文具

文人书房有雅玩，松竹梅兰是君子。中国古代文房器具于隋唐渐兴，后经宋元的普及、成型和拓展，明时繁荣，至清代臻于鼎盛。笔、墨、纸、砚

汪寅仙制—岁寒三友文具

是文人雅士的“文房四宝”，随着文房器具的发展，围绕着四宝又出现了一些辅助用具，亦是设计多种，奇巧构思，形神并茂，登峰造极。那些器物除了具有实用价值外，亦为书案上清雅的陈设品，称“文房清供”，更具备了观赏与把玩的特性，逐渐成为名副其实的“文玩”佳品。现代随着人们书写方式的改变，文玩之实用性渐减，但观赏与把玩，是风雅之举，深受当今热爱文化的有志之士喜爱。

明代屠隆在《文具雅编》中曾记述过四十多种文房用品。较为常见的有：笔筒、笔架、臂搁、诗筒、笔洗、墨床、墨匣、镇纸、水注、砚滴、砚匣、印章、印盒、裁刀等。

此套作品是汪寅仙大师的力作。由被称为“岁寒三友”的松竹梅为题，由奇巧构思的松段笔筒、湘妃竹镇纸、梅花笔洗组成。在文玩中，笔筒是当笔暂不用时插放其内，材质和形制多样，或圆或方，亦有呈植物形或其他形状的；镇纸又称书镇，作压纸或压书之用，以保持纸张、书面的平整；笔洗是笔使用后以之濯洗余墨，多为钵盂形，也作花叶形或其他形制；臂搁又称秘阁、搁臂、臂隔、臂阁、腕枕，写字时为防墨沾污手，垫于臂下的用具，多呈拱形，以竹制品为多。长短与镇纸相近的臂搁，亦可充当镇纸。

这一套三件文玩用具均是采用上等紫砂泥挎制，用料考究，仿生器物，活泼可爱，情趣无限。

松段笔筒，以一段劲松的树根塑，以段泥挎制，表面以紫泥装饰斑驳的老树皮，并新生松树枝叶，散发浓郁古意生机的气息。树根塑有八根粗细不一的分支，底部中空，削平为足。立于案头，十分稳重。《论语》云：“岁寒然后知松柏之后凋也。”此件作品有松树傲然挺立之势，骨气通体，气势不凡。

湘妃竹镇纸，形似半片竹段，以香妃竹为题，有枝有节，斑纹及蛀孔分布其面，妍媚不俗。以紫泥挎制，竹片表面满饰段泥，以紫泥绘圈纹仿生湘妃竹。竹节端有竹枝残根及看似不经意的伤痕。整体看来，足以乱真。镇纸源于古代文人时常会把小型的青铜器、玉器放在案头上把玩欣赏，因为它们都有一定的分量，人们在玩赏的同时，也会信手拈来压纸或书，渐而久之，就发展成为了一种文房用具。此件湘妃竹镇纸，因形制较大，亦可作臂搁之用。文人墨客们在夏日挥毫泼墨时，常将臂搁枕于臂下，可防臂上汗水洇纸，又因竹性凉，有祛暑功效，可得一时凉爽，因而也有人称竹臂搁为“竹夫人”。

梅花笔洗是由梅杆作柄，一朵争艳梅花为主，另一朵含苞待放的梅花作陪，构成设计巧妙，古拙雅意，形神俱佳。整件作品以纯净段泥抟制，一段老梅新枝上点缀着点点梅花，或开放、或含苞，构思奇巧。老梅枝段上以斑驳残缺的不规则孔洞塑形，似有梅花香自苦寒来之喻，古意盎然。最令人称绝的是一大一小两朵梅花，大朵盛开，小朵含苞，都有容纳盛水之功用。大小两朵梅花底部均刻画精细，凸出的花萼护着花瓣，大朵花瓣瓣瓣相连，形成筋纹装饰线，富有节奏之美。唐代陆游《咏梅》云：“驿外断桥边，寂寞开无主。已是黄昏独自愁，更著风和雨。零落成泥碾作尘，只有香如故。”寂寞高洁的梅花，与君子永相伴。

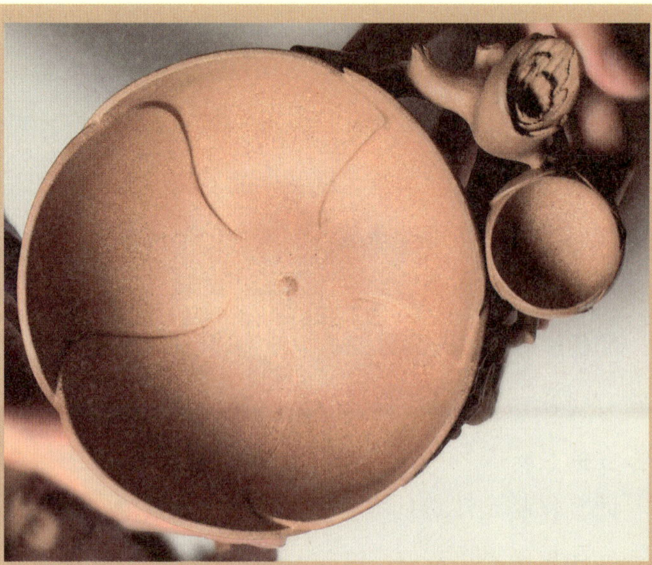

梅花笔洗

此套松竹梅三件大师级文房至宝，能使热爱文化艺术的有缘者追随兰之清雅神韵，以健松雅竹清梅相伴，营造出一个窗明几净、赏心悦目的文房佳境。廉俭育德，美真康乐，和诚处世，敬爱为人，践行中华茶德之精神，日日茶墨生香，修得儒雅高士。

光华内敛　素心田园

——顾景舟制茄段壶

秋风清凉，送来秋香，此刻正是江南菜园子里收获的季节。那紫色的茄子沉甸甸地挂在田间枝杈，一排排，惹人喜爱。睹物思人，一生劳心的谋士，此刻最渴望的，便是心归田园。在匆忙的脚步声中，内心有个声音越发地响亮起来：奔忙中的身体，请停一停，你的灵魂想跟上你匆匆奔忙的步子。

取自然界的瓜果蔬菜入壶，似乎是花货作品创意之源。而此尊宝器源意茄段，成以素朴光器，于抽象中得灵气。通体不着点滴笔墨，仅以造型、材质示人，其光华内敛，有丈夫清高内敛之气，令观者叫绝。浑圆素朴的茄段造型，淳朴自然，素面素心，大巧若拙。圆弧形壶盖，壶纽似茄蒂，二弯壶流与耳状壶把以壶身中

顾景舟制—茄段壶

线呈对称呼应，壶身线条过渡自然流畅，周身光泽温润，非影像器材能诠释，非亲眼目睹不能领略其妙。

紫砂壶之美者，唯以造型为上。古之谓“方非一式，圆不一相”，即是赞叹紫砂壶式之奥妙无穷。此尊茄段，圆意中存清高之骨气，内敛中生正直之爽气，凛然中得清纯之净气。顾老已经把自己融进了此尊无有雕饰的素朴宝器之中了。此壶通体不施任何装饰，它以透彻的裸胎之美，展示着紫砂壶艺最本真的魅力。

著名宜兴籍画家吴冠先生中曾经和紫砂壶艺大师顾景舟先生谈论过对紫砂茗壶的装饰美的看法。吴冠中说：“紫砂壶造型古朴雅致，线条简洁流畅……时代气息主要靠造型来表现，并不需要外加什么东西。”顾景舟说：“茶壶是喝茶的，是实用的东西……捧起茶壶也是一种享受，要越用越喜欢，越看越高兴才行。”吴冠中强调了紫砂光货素器的裸胎艺术美是古朴美、自然美，拒绝在壶上题画刻字。同样，顾景舟却重复强调了怎样才能领会体验紫砂光货素器裸胎艺术美的精神实质，可谓异曲同工。

经过精心养护的宝器茄段，光华内敛，温润如玉。我们观器自悟，如读圣贤。此尊宝器以流畅自然、立体交汇的线条幻化出爽净雅致的文人意趣，清新脱俗，感人至深。孔子论玉德有七，曰：仁、知、义、行、勇、情、辞。此玉之七德，比之于紫砂，一同也！紫玉金砂，温润如玉。当下，那如玉的君子，不正静静地立在那里，正寻找一位茶香知己，一位素心至善的智者，一位敢于担当、勇承责任的大丈夫吗？

顾景舟制—茄段壶（上视图）

茶烟生处　蛙鼓荷塘

——蒋蓉制荷花壶

在近现代紫砂名手当中，顾景舟大师的光素器和蒋蓉大师的花器是紫砂壶艺术中令人叹为观止的经典之作。在特殊的历史时期，在人们摹仿传统之器，鲜有创新的年代之中，她不甘平庸，于舆论讥讽不顾，勇于创新，此件荷花茶具是奠定了蒋蓉大师在紫砂花器地位之中的创新力作。

蒋蓉制—荷花壶

静观此壶，一股清新之气扑面而来，仿佛置身夏日里凉爽的荷塘边。壶上的摘手是一只机灵的小青蛙，状若跃水。壶身为近圆形球状的荷花，壶盖为莲蓬，莲蓬中嵌有可以活动的莲子九颗。壶流以自然卷曲的嫩荷叶顺势而成，末端即是壶嘴。荷叶之茎弯作壶把，把末梢处又生有一小荷花包，宛若天成。壶底以荷塘中常见的水生植物白藕、荸荠、红菱为底足，托起荷花壶身，给人以轻盈之感。细微之处更显匠心：壶体荷花花瓣脉纹清晰自然，壶肩莲蓬周围饰以丝丝点点的花蕊，荷茎壶把处亦有点点凸起，象形又不刺手。通观整个作品，清晰明丽，动静相宜，一派荷塘美景入壶来。

这把创作于1955年的作品，整套茶具中荷花壶配以四杯四碟，名为“荷花茶具”，是新中国成立后紫砂陶最早的花器成功创新作品。在1956年2月，荷花茶具在宜兴县创新作品评比中获一等奖、宜兴县人民政府荣誉奖；在全国陶瓷工业会议上，被评为特种紫砂手工艺品之一。

夏夜静读此壶，耳畔仿佛传来了荷塘中那“咕呱呱，咕呱呱”的青蛙合奏曲。台湾风潮有声音像有限公司曾发行《森林狂想曲》、《青蛙报报》等音乐作品光碟，在这些音乐中，青蛙之鸣与乐师合奏出了带给人们以轻松怡情的妙曲。静夜如水，品读茶书。关于莲花之茶，在明代钱椿年原辑、顾元庆删校的《茶谱》（1541年）中有载：“莲花茶，于日未出时，将半含莲花拨开，放细茶一撮纳满蕊中，以麻略絷，令其经宿。次早摘花，倾出茶叶，用建纸包茶焙干。再如前法，又将茶叶入别蕊中，如此者数次，取其焙干收用，不胜香美。”① 爱茶之人于早晨日未出时撑一叶扁舟，向荷塘深处划行，将茶放入半开的荷花中，使茶吸附花香，一天一夜之后，取茶焙干，再窨，三窨……如此者，制成的莲花茶定是茶香花香溢满砂壶的妙品。壶上茶烟袅袅升起，在升起的茶烟中，壶上的青蛙仿佛跃动起来，与荷塘深处荷叶上、荷茎旁的青蛙鼓声一片，真是一幅夏夜荷塘清凉图！

蒋蓉大师以“童心童趣”之造壶心念，给作品注入了不朽的灵魂。她对自然生命之爱，对紫砂艺术的孜孜追求，先天才华与后天勤奋的结合，不愧为紫砂花器创新事业的一代宗师。

① 朱自振，沈冬梅，增勤．中国古代茶书集成[M].187页，上海：上海文化出版社，2010年8月第1版．

春到枝头　清逸梅香

——周桂珍制梅花提梁壶

中国文人画中常题有“问梅花消息”。消息传来，原来春意闹枝头：江南春天的梅花开了！以梅为题，创作紫砂壶艺作品，在阳羡紫砂壶上以多种方式再现。陶刻装饰、泥绘装饰、造型装饰等等，诸多创造手法，都是把梅花之清韵、梅花之春色、梅桩之古意诠释地令人读来有味。

周桂珍制—梅花提梁壶

此壶是周桂珍大师的力作之一。壶式以梅椿树干为本，精心刻画梅之瘦骨傲霜、不畏艰辛之灵性，傲然挺立。壶身为扁圆形，壶的右侧伸出一枝呈扁圆形枝干，上有结疤，宛若天成。枝干左弯形成提梁，在壶体上空形成虚空，划出提梁虚实对比的空间。分支两叉的枝干稍头贴于壶体左边，枝稍新梅绽开，朵朵饱满，以浮雕手法融于壶体。壶流为一枝向上昂然之梅干，一弯有力，与提梁相呼应。壶盖为嵌盖式，纽为一段嫩梅枝，并开有梅花点缀其间。壶体为光素，提梁极其流鋈以花塑为美，整体而论，当是花货之力作。周大师素以创制光素器闻名，而此壶装饰有度，简净有力，尤其是扁圆形的壶体，光洁而莹润，线条流畅自然，彰显出大师的光素壶功力和壶艺个性。弯曲的梅枝提梁，构成大圆弧虚空，形成一股挺括向上之力，使整体造型有着突出的风格。壶上梅花朵朵，大方秀雅，工写结合，形神兼备。纵观全壶，真是一幅美妙立体的写意中国画。

冯其庸先生曾评价周桂珍大师紫砂壶艺术说，紫砂艺术最突出之处就是神韵，她的艺术的最突出之处就在“工极而韵，紫玉蕴光”，百看不厌，有无尽的内涵。

枝头春意已闹，在一壶清茗蕴味生香之中，梅下问茶，读壶品茗，平常心是茶也。

梅下问茶　和合生香

——何道洪制三色绿梅壶

梅当输雪三分白，雪却逊梅一段香。此壶古雅的造型，以梅之形、相示人，扑面而来的是幽淡的梅香，扁扁的合梅壶身里孕育着一壶的茶香，给人以梅香茶韵之诱惑。

此壶造型融合了筋纹器与花式器造型之优点，壶体以米黄色段泥为主，辅之以紫泥、绿泥装饰，呈三色之美。壶身为筋纹造型的五瓣梅花，梅花五

何道洪制—三色绿梅壶

个块面均匀对称，线条流畅，壶腹中部阴阳相交，壶身以两朵梅花合而成一，不论上下观之都似盛开的梅花，两者相合，宛若饱满的果实，故称合梅。盖面、纽、身上下一气，线条过渡利落自然。短粗梅干为流，神韵流露、弯梅枝成鋬、由下横陈出点点梅花于壶身。壶流、壶纽和壶鋬以老梅枝干诠释梅之形，各具神态，壶盖形若清雅香远的梅花。整壶以花苞及绽放的梅花妆点壶体，与壶浑然一体，视之如观一幅立体的春日问梅图。

问梅消息（陈鸿寿刻）

夜深人静沏一壶菊普，品曼生金石印谱。读到“梅花消息”之印，其用刀恣肆爽利，节奏明快，具苍劲冷峻之美，似品得梅香清冽。王维有诗云：“君自故乡来，应知故乡事。来日绮窗前，寒梅著花未？”吴文英词曰：“步苍苔、寻幽别墅，问梅开未？”宋朝以“梅妻鹤子”著称的林和靖隐居孤山二十年，他白天乘一叶扁舟，畅游西湖，客来放鹤，见鹤而返；晚上独对梅花，吟诵“疏影横斜水清浅，暗香浮动月黄昏”。若问梅消息，需待鹤归来！而此刻，我们有幸与大师的合梅壶相遇，梅花与梅枝，茶香与花香，令人神清气爽，心旷神怡。

江南无锡的春天里，花之清远者是梅。梅香阵阵，唯以登山望水著称的原荣氏梅园为上。春天从梅园开始！园里有香雪海小景，行走其间，一树树的梅，如入花海，惹得花香满身，蝶舞蜂追。梅园里梅之品种之全，品相之好，享誉世界。其中有“绿萼”之品种，叶片淡绿，清雅怡人，更是与此壶意相和。

何道洪先生的三色合梅壶，形神兼备，尤以诠释梅花之神韵见长。吾有幸观此壶之壶底，其凹凸有致，饱满力道，有梅之傲骨清风。有绝活的大师，一定能在不为人观处着力，足可见造壶大师对艺术精益求精的艺德风范！

清逸古韵　坐望青山

——黄玉麟制鼓腹壶

悠悠古韵，壶里乾坤。一把造型经典的紫砂壶默然于案头，毫不张扬，上有金石意味的书法文字与画分别刻于壶体两侧。

此壶造型端庄古朴，主以静气。壶盖与壶身浑然一体，壶纽以扁圆形立于壶盖中央。壶流向上微屈，具有力度感。壶把呈耳状，壶底内凹，盖身吻合严密，密不透气。扁圆形的壶纽与壶腹相呼应，壶流与壶把设计均衡，以壶口为中线，壶嘴、壶盖、壶把上部的曲线遥相呼应。此壶以纯正紫泥为料，素面素心，仅以陶刻书画装饰壶体，抚之温润若豆沙，极具触觉美感。通观整体造型，弧线优美、线条流畅，视之心生内敛和稳重之情。

此壶是书画艺术家吴昌硕与制壶名手黄玉麟的联袂之作。壶面上铭刻以切壶切茶的字画，字是"诵《秋水》篇，试中泠泉，青山白云吾周旋　庚子仲秋　昌硕"，画为松下雅士闲适图。

《秋水》是《庄子》中的名篇。此篇表达了庄子对仕途、富贵等视若浮云的人生观。诵《秋水》篇，则表达了作者对庄子清净无为思想的向往，表达了淡泊名利、率性自然的胸襟和思想。中泠泉，亦称南零水，位于江苏省镇江的金山之西，石弹山下。唐代张又新所著《煎茶水记》中记载了天下泡茶之水的等次，尤其是以“天下第一泉”争议最大。而“中泠泉”被刘伯刍评为第一，被陆羽评为第七。张又新不满足文字记载，便一一游历所到，一一品尝，认为刘伯刍判断的十分准确。从当代来看，水质受环境的影响甚大，谁为第一也难以断定了。“试中泠泉”，即是以“天下第一泉”的中泠泉水来沏泡一壶好茶。“青山白云吾周旋”，此句交代了读书与品茗的环境，且与壶体上另一面所刻的松下雅士闲适图呼应。在悠悠白云之下，有郁郁山松相伴，逍遥君子徜徉于白云青山的大自然之中，身心是多么的自由自在、清逸恬淡、任吾周旋。庚子是清代光绪二十六年（1900 年），为此壶制作的年代。“昌硕”即是吴昌硕。

吴昌硕（1844—1927 年）是浙江省孝丰县（今湖州安吉）人，是清末民初著名书画家、篆刻家，为“后海派”的代表，是杭州西泠印社首任社长。吴昌硕与虚谷、蒲华、任伯年齐名并称“清末海派四杰”。

制壶者是清末名家黄玉麟。黄玉麟（约 1842—1914 年）宜兴制壶名手，宜兴蜀山人，原籍丹阳。自幼从邵湘甫学艺，善制掇球、供春、鱼化龙诸式，选泥考究，制作精巧，作品莹洁圆润。曾为吴大澂、顾茶村家制壶，大澂镌章赠之。玉麟家贫，但非义不取。黄玉麟晚期作品多与寓居沪上的“海派”画家合作，此壶便是艺坛合作之见证。吴昌硕喜藏壶赏壶，与江南大收藏家吴大澂是莫逆之交，参与紫砂壶事是艺坛幸事也。

有缘即住无缘去，一任清风送白云。一壶清茗，让文人书画艺术家与壶艺师结下了茶墨壶缘，品啜之，吟咏之，书画之，典藏之。

黄玉麟制—鼓腹壶

天外有天　人外有人

——吕尧臣制天外天壶

一口古井，令人发思古之幽情。斑驳的古井壁上，竟然凿开了一个孔洞，一只可爱的青蛙卧在石上，探出头来。眼前的这把天外天壶，令人在平常随意之中，顿生情趣。壶友云：观此壶，脑际闪过两个词语，"坐井观天"、"别有洞天"。吕大师创制此壶，有极大的自勉之意：井中之蛙何以知晓世界之大？紫砂艺人的心胸绝不可像井栏那样局促封闭，登高才可远望。小小的醉陶居决不是自我逍遥的避风港，而是要做壶艺创新的急先锋[①]。天外天壶，始创于 1991 年。作者于壶上铭文："天外天，楼外楼，欲穷千里目，更上一层楼"。

此壶创制成功后，大师对此主题壶又做多种变化。我们从互联网搜索不难发现在多个拍卖公司或图录上见到的稍有不同之作。我最欣赏的一把，是曾经刊于台湾《壶中天地》杂志上的天外天壶。此壶以紫泥为料，短流、弯把皆粗壮，在井栏壶身上呈现拙朴之感。壶体上部以冰纹装饰，蛙洞下部以绞泥卵石错落有致地装饰壶周身。壶洞中青蛙伏卧于绞泥卵石之上，向外张望。壶盖施以嵌盖与壶身密合。壶纽为串环纽，并串一环，似门环欲敲击发

① 徐风．尧臣壶传 [M]. 上海：上海文艺出版社，118 页，2005 年 1 月第 1 版．

声唤醒壶体内的青蛙。在这把壶上，作者综合运用了绞泥和冰纹装饰技法，是一件非常成功的创新作品。其后，大师又创出段泥冰纹装饰的天外天壶。壶体上略去了绞泥卵石，而通体以较粗犷的冰纹装饰，蛙洞上移至壶身上部，蛙伏卧于井壁青石之上。蛙洞附近是裸露的斑驳青石，此壶更显粗犷简洁之美。

曾有学生存疑：用此壶泡茶，会不会漏水？当然不会！因为，壶壁的孔洞的后部是密实的，不会影响泡茶。当然，茶友们认为，作为泡茶之器，壶底内部的一只青蛙，似乎就不必设计在内了。余心有戚戚焉！我看到有些品茗杯子里也有蛙、鱼之类的紫砂小雕塑装饰，感觉若是以此杯饮茶，易心生不快之感。当然，工艺师在设计此类壶艺作品时，也许考虑的是审美多于实用吧？但作为泡茶之器，我们还是更喜欢方便实用、不易引起人不愉快联想的壶艺之作。

吕尧臣制—天外天壶

清气朗朗　茶韵梅香

——王寅春制高梅壶

春风起，梅花开。点点梅花清雅宜人，香气满庭芳。江南春早，梅花疏影横斜，清风中带着花瓣气息，令人神清气爽，沉醉于这当下的梅韵时光。

此尊高梅壶，因身筒高、以梅花花苞为形而塑成，故名高梅。泥料乃底槽青纯料抟制，壶通体不施任何装饰，以清纯的紫泥料和细润的肌理来诠释梅花之清气、之文雅。耳形鋬、三弯流，壶嘴呈折角状，圈足收底，壶盖造型优美，壶纽与盖阴纹连贯相续，过渡自然。壶身呈梅花花苞形，壶盖和身筒紧密相合，壶纽上阴线均匀分布五条，呈五瓣花苞状，与壶身贯通、延长，具有典型的筋纹器造型特色。壶底钤“王寅春”印章，制壶高手王寅春以善作筋纹器闻名，此壶是他的力作之一。整壶通体圆润、挺拔、纯净，呈积极向上之态。

王寅春制—高梅壶

用心观此壶，似望清正高士之气，意得梅花清气，正直无虑，清新脱俗，有“清高”品性。唐代黄檗禅师《上堂开亦颂》：“不是一番彻骨寒，怎得梅花扑鼻香。”清新高洁之馨香是从苦难中修得，哪里有捷径与秘诀？

春天盛开在江南大学的梅花

高高的身筒，硕大的壶体，若以泡茶，可享梅花清韵。此壶宜沏红茶、普洱等熟茶，可得醇厚香郁之汤。品味红茶的甜蜜醇厚，在早春乍寒的季节里，“忽见寒梅树，花开汉水滨。不知春色早，疑是弄珠人。”（杨无咎·题梅花图）空气中梅香清冽，令人神清气爽，与众友人聚于梅花树下，问梅茶宴，一期一会，令人神往。正如王鏊《真适园梅花盛放》诗中云：“花间小坐夕阳迟，香雪千枝与万枝；自入春来无好句，杖藜到此忽成诗。”携此高梅壶入梅林，与众茶友享春日茶韵时光，此乃人生一大乐事也。

谨严的法度，流畅的筋纹，阴阳线面和谐，饱满的曲线，立体交织的线条，是高梅壶气韵生动的写照。一壶清茗，品啜其间，清心静气，探究天人之际，悟通古今之变。

九龙圣柏　壬辰祥瑞

——汪寅仙制九龙柏壶

汪寅仙制—九龙柏壶

松柏延年，古意绵绵。壬辰之春，缘遇此壶，在回望历史，于园林间啜茗时，仰望九龙古柏，莫不感慨万千。

此尊宝器是汪寅仙大师九零年代之力作。作品以位于北京天坛皇穹宇西北垣外的“九龙柏”树为原型创作而成。九龙柏树高逾 10 米，胸径 1.2 米，植于明代嘉靖年间，是距今 500 余岁的古老桧柏。其树干挺拔粗壮，形象奇特。树干表面遍布纵向沟壑，并随着主干的升高而扭曲上升，状若九条蟠龙盘旋腾飞，故名“九龙柏”。

九龙柏简介

壶体以紫泥原料，仿生九龙柏树主干为形，以“源于自然超于自然”之花货设计理念，通过塑、捏、堆、镂等紫砂传统创作手法把九龙柏的古朴苍润，沟壑密布的树干表现理趣合度，令人拍案叫绝。壶流一弯，壶鋬三叉造型，并以绿泥装饰以柏枝针叶，均以古柏枝以具象而塑之。壶盖上以绿泥装饰三片柏枝针叶，纽为柏枝，形似小龙，颇具生气。柏枝针叶塑造极其精细，像得足以乱真，壶口不规则形呈椭圆九方，身筒、流鋬以粗犷古拙之质感，表现了古柏之气度。观整壶，其造型精当，以泥土幻化出五百余年的古柏神韵，把中华龙之神韵亦是刻画地入木三分。

生长在北京市天坛公园里的九龙柏又名“九龙迎圣”，传说清乾隆皇帝有一次到天坛来祭天，当他视察完大典的准备情况，在皇穹宇围墙下休息之时，忽听有异响，绕耳不绝。乾隆皇帝四下找寻，发现在围墙下有蛇九条，观之，遽遁入泥土中。于是他令人出皇穹宇，继续寻蛇，可蛇无从所觅。他忽发现围墙外有一古柏，树干表面布满沟纹，宛若九龙腾飞，君心大悦，遂赐名九龙柏。皇帝之赐名，后人护佑之。如今的九龙柏，越发地苍翠长寿，成为了人们心目中的神树。

汪大师抟制的九龙柏壶，创意源于自然神树，立意中华文化之神。勤劳勇敢的中华民族的子孙是龙的传人，九龙合聚亦象征着多姿多彩的中华民族大家庭团结一心，奋发有为，共谋发展，同创未来。望着壶上那形若小龙的壶纽，我们对中华民族的未来充满着信心和希望。

汪寅仙制—九龙柏壶（局部）

九龙柏

刚直不阿　壶道大亨

——徐秀棠制大亨制壶雕塑

邵大亨是晚清制壶名家代表人物，大约生活在道光、同治年间，宜兴上岸里（今上袁）人，年少就负有盛名。他是紫砂发展史上一位承上启下的划时代巨匠，上承时大彬、陈鸣远，下启顾景舟、王寅春。他的作品浑朴简练、气势恢弘、庄重大度，雅俗共赏，极具艺术品位。

此件大亨制壶雕塑作品是徐秀棠大师的代表作之一。《宜兴荆溪县新志》记载："有邑令欲得之（大亨壶），购选泥色招入署，啖以重利，留之经旬，大亨故作劣者以应，令怒而杖之，亦不叶暴也。"此件作品则是非常鲜明地突出了大亨禀性刚烈，坚贞不屈，品格高贵的个性。在古朴的制壶泥凳前，眉目清正的大亨端坐陶墩，略向前倾身依泥凳，徒手抟泥。泥凳的一只凳脚上，粗大的铁链拴住了大亨的右脚踝。泥凳面上铭刻的是高熙撰《壶说·赠大亨君》内容，此文被收录在《邵氏宗谱》里。整个雕塑作品，比例和谐，人物刻画传神，彰显了一代名手大亨之德、之艺、之凛然气节。今人观之，

徐秀棠制—大亨制壶雕塑

无不为紫砂壶史上有如此之壶道传人而赞叹！

在紫砂泰斗顾景舟生前，有人去采访时请教先生云："顾老，您对紫砂史上的制壶艺人最崇拜的是哪一位？"顾老回答："邵大亨。"顾先生在《宜兴紫砂珍赏·紫砂陶史概论》中有如是著述："邵大亨，约生于乾隆晚期，殁于道光末年。……他精彩绝伦的传器，理趣、美感盎然，从艺者观之赏之，如醍醐灌顶，沁人心目；藏玩者得之爱之，珍于拱璧，不忍释手。……他一改清代宫廷化繁缛靡弱之态，重新强化了砂艺质朴典雅的大度气质；既讲究形式上的完整，功能上的适用，又表现出技巧的深到，成为陈鸣远之后的一代宗匠。笔者自习艺开始，以之为毕生孜孜于斯道技艺的楷模，揣摩端倪，悟其真谛，遂得以奠定基础。"

大亨壶艺出众，技法超群，性情孤僻清高，非值其困乏之时，一壶千金亦不可得。他为人慷慨豪爽，亦任性使气，凡意气相投者，手制的壶可以免费相送，对达官贵人、富商巨贾则千金不售。民间有传说云：当时有位苏州巡抚偏爱紫砂壶，一心要弄到把大亨壶，但屡求不得，后经辗转寻宝，总算觅得一把，平日视为珍宝。时值中秋，巡抚坐船出城赏月，邀请苏州名人学士做客，巡抚特意带上大亨壶，泡茶待客。船停泊在山圹，侍女托盘献茶时，船身摇晃，一个不小心茶盘失手，茶盘里放的就是邵大亨的紫砂壶，落地粉碎。巡抚失去心爱的宝贝，痛心不已，便下令狠狠鞭打侍女。其时邵大亨正好也携朋友泊船赏月，舟就停在官船一侧，忽听得鞭笞声和小女子的哀号声，命家僮问讯，原来只不过是因打碎了一把茶壶。同船一位客人原与巡抚相识，随即过船请巡抚息怒，邀请他去品茗赏壶，巡抚是位鉴赏家，一看全是珍品，连声赞叹。茶散，邵大亨劝巡抚恕免侍女，并请他在桌上摆的16把壶中任挑一把相赠。巡抚谦谢后取走一把。此刻邵大亨才自报家门："我就是邵大亨。"巡抚惊愕。大亨送走巡抚回舱，把桌上的15把茶壶一齐敲碎，弃之河中。愤言："为了我的壶，有人竟玩物丧'命'，我不制壶了。"这便是当地流传的邵大亨的所谓"壶脾气"。

邵大亨性格怪癖，壮年死于乱世，传世的茗壶极少。即使在清代，大亨壶已被藏家视为珍宝，有"一壶千金，几不可得"之誉。大亨壶具有紫砂艺术质朴典雅的大度气息，声艺俱高，大有"前不见古人，后不见来者"之概。

今徐秀棠大师以精湛的紫砂雕塑作品表现了壶道大师之德艺风范，值得后人追慕，于当今壶界艺人思考以何载道，无不令观者省思之。

千年炼器　火中求食

——吴培林制龙窑提梁壶

江南宜兴，一座具有7000年的陶都。“五朵金花，陶瓷奇葩”，一代代的陶都手工艺人，令这座美丽的城市世界有名：“世界只有一把壶，她的名字叫宜兴。”太湖之水，浩淼三万六千顷，有关太湖的传说，给这片神奇的土地赋予了令人向往的色彩。其中广为流传的就有一个这样的传说：太湖里有条乌龙，瞒着玉帝将雨水喷向干旱的丁蜀地区，犯了天条，在与天兵天将斗争后，身受重伤，跌落在白宕的一座小山坡上。当地百姓感激它，挑土将它埋葬了。多少年后，土堆出现了许多洞口，里面的尸骨不见了，有人当窑烧陶器，一试果然又快又好，又透气又省柴。后来，人们按照乌龙窑的样子造窑，

吴培林制—龙窑提梁壶

吴培林制—龙窑提梁壶

就形成了以后的龙窑[1]。

传说令人遐想，也令人对烧造陶器心生敬畏。因为，人们在生产实践中发现，不是每一窑陶器，都能被烧造成功。尤其在解放以前的生产禁忌中，“烧陶器点火，忌女人上窑”[2]。窑主和窑工们在点火开窑之前，用酒肉（尤其是必不可缺状如砖块的大碗猪扣肉）祭祀了位于龙窑门口附近的陶朱公[3]之后，便宴饮一番，通过饮食仪礼的方式，共同祈福，希望能烧制成功。通过窑主做东，以饮食的方式，既祭祀了陶祖，又“讨好”了陶工，饮食和谐了人心。龙窑点火后，一般要 6 ~ 7 天才能烧好、开窑。如今，在宜兴创制于明代的前墅古窑，仍在继续烧制着陶器，它不仅是文物保护的对象，也是爱壶爱茶之士宜兴访壶的必到之处。

一壶难求，好壶更是不易得。眼前的这尊龙窑提梁壶，正是古龙窑的化身，提梁形似长长的龙窑体，并以孔洞释以龙窑添火观火口，壶体以绞泥火焰形生动地示意出绵延不绝的窑火。壶纽造型是龙窑门，给人以进入此门，即有无限收获的憧憬。壶流及提梁立把以梅桩形为造型，突出东坡提梁壶之立意，以三个钉足托起整个壶体，以消减提梁之重压感。整个壶以紫泥为料，也显示了紫砂壶用料的主流特色。

提梁壶之造型又有东坡创制传说：苏东坡卜居宜兴后，发现宜兴有唐贡茶、金沙泉水和紫砂壶，正对他喜欢饮茶的胃口。但他嫌壶小，决定自己创造一个大壶，在制壶把的过程中，受屋梁的启示，制成一把大把壶，经后人仿制，称为“东坡提梁壶”，简称“苏提”，成了名壶[4]。

吴培林先生的这把龙窑提梁壶，诠释了两个传说，一个历史文化遗迹，并且综合运用了现代多种紫砂壶技艺装饰手法，文化内涵厚重，赏用两相宜。

① 韩霞辉 . 宜兴县志 [M]. 上海：上海人民出版社，682 页，1990 年 5 月第 1 版 .

② 韩霞辉 . 宜兴县志 [M]. 上海：上海人民出版社，786 页，1990 年 5 月第 1 版 .

③ 民间还有一说是祭祀土地公。另外，“每年的九月九日重阳节，宜兴的陶业工人有集会纪念‘陶朱公’的礼俗”（引自韩其楼 . 紫砂壶全书 [M]. 福州：福建美术出版社，38 页，2004 年 12 月第 1 版 .）

④ 韩霞辉 . 宜兴县志 [M]. 上海：上海人民出版社，682 页，1990 年 5 月第 1 版 .

惑耶不惑　儒士清风

——高振宇制紫逸公壶

清气拂面，清雅若荷，面对高先生的壶艺作品，语拙的我找不出贴切的词语来描述壶艺之美妙。天真、圆满、古味、拙趣，先生所造紫砂茶器，既新又古，新意的背后有着厚重的传统隐藏其中，但你似乎又很难分辨出来。其作品造型清雅，线条流畅自如，达到了近乎完美的境界，器形单纯朴素而富有大家之气和儒雅光明正气，而绝无纤巧雕琢之感。

关注高先生的作品，你不难发现他总是在不断地挑战自我，紫砂、青瓷，多种陶瓷材质在他的手上达到一个又一个的巅峰。他的作品以器皿陶瓷艺术创作为主，散发着中国传统陶瓷艺术根脉的气韵，更重要的是毫无陈旧之感，自有一种时代精神孕育的活力充盈其中。

高振宇制一紫逸公壶（2011年作）

他的作品沉稳厚朴、柔和纯净、幽雅自然，他的智慧和才艺与中国传统的审美意趣和现代观念凝结而成了自身独特的风格。他认为“用是器皿的灵魂，器皿因为有用而活着”。这种艺术观念，使他在创作中不仅仅把器皿当做审美的对象来看待，“用”和“美”成为他作品的灵魂。不事雕琢，古朴典雅，浑然天成及器以致用，成为他作品的重要特征。

高振宇制—紫逸公壶（2011 作）

此逸公壶造型传统，壶体扁圆，口阔。微微隆起的壶盖边缘做工极其精细，三弯流，耳型形，扁圆纽与壶体呈形似呼应，纯净的紫泥以材质彰显其内敛神韵，整个壶式透露着圆融意趣，表现了一种风流洒脱和清逸孤高的神韵。

高振宇先生 1964 年出生于紫砂陶艺世家。师从顾景舟、加藤达美、高桥弘等世界陶艺名家，经受了中日陶艺专业技艺的严格训练。在紫砂壶艺的创作上，他经历过“追思古韵”的时期，不断地从中国的传统文化中寻找灵感，如中国古典神话、唐诗宋词、吉祥动物等。这个创作思路一直贯穿在他各时期的作品中。他认为，形式必须服从于材质的特性。紫砂的特性本不适合做过于前卫的造型，再加上中国茶道追求的境界是清灵淡泊的逸趣及对之通灵般的体味。近年来在紫砂创作上，他追求内敛圆融，形体上也不再寻求当年的炫技之举，从求表现转向求含蓄，更追求形体上的大平衡。他认为，越往后做，越要追求贴近材料的本质。在他看来，紫砂纯粹是“为茶的艺术而生”，紫砂壶的型制为什么到今天都有一定之规，就因为要配合茶的不同种类。铁观音有铁观音的壶，绿茶有绿茶的壶，青茶有青茶的壶，它们的大小、高低、壶嘴的弯曲度，无不是为了保证壶为激发茶性而造。

高振宇先生说，日本陶艺的个性源自日本人的饮食习惯。日本料理是水的料理，水龙头一开，把鱼洗干净，切开一摆，吃的都是生的；吃完后清水一冲，很方便。这种习惯造就了日本陶艺崇尚自然的性格，喜欢用“陶”的语言。而中国不同。中国人回家做饭，先生火，再往锅里放油，烹炒。中国的料理是火的料理，中国菜里有很多油性的东西，所以要用瓷器，这样才容易洗。归根结底，是饮食文化塑造着人们对器皿的需求。

《阳羡茗壶系》载:“世间茶具称为首，玩赏揩摩在人手。粉锡型模莫与争，素磁斟酌长相偶。义取炎凉无变更，能使茶汤气永清。”不惑之年，高振宇为自己刻了“惑耶不惑”一枚闲章。“深谙泥土性格的古人靠无数的磨炼来造就自己的双手，因为他们知道拉坯制作的第一万个碗与第 9999 个的区别，当心、手和泥三者合一的时候他们的作品就像山川河流一样的自然和谐，这就是古代陶工们创造具有永恒魅力作品的秘密。”作为一名不愿重复自己的现代陶艺家，我们期待先生为天下茶人壶友带来一个又一个的惊喜。

白砥书法—不惑

园林壶天　神游江南

——“乾隆年制”款山水诗文描金壶

江南行，行走江南，这里水网如织，钟灵毓秀。温暖的大手轻轻地摩挲着温润如玉的砂壶，口咂着香茗，心平气和。有茶的日子，在平常生活之中，超凡脱俗；在超凡脱俗之中，返璞归真。在素朴的砂壶风格之外，还有一种雍容华贵之美。

清代康雍乾时期，由于皇室的推崇，以彩釉、描金装饰的紫砂壶颇为盛行。乾隆皇帝嗜好茗饮，紫砂壶更是数度被列为贡品进贡皇室。描金装饰清初始，

清“乾隆年制”款 描金山水诗文四方壶

江南园林小景（杭州西子湖畔）

至乾隆时期工艺成熟，嘉庆、道光两朝后失传。其成品制作精工，为极具宫廷艺术气息的艺术珍品。此壶壶身是清乾隆督造办的御用描金师以描金篆书壶铭："蟹眼泡就　齿颊生香　郎岑铭"。

此壶以紫泥为料，以镶接泥片之法精制而成。壶身为正方形，壶平肩微耸，向上蓄势，圈鋬，方嘴直流，壶口四方，底部犴门成四足式，折角内隐的壶足托起整壶，使壶凌空，打破方形的沉重感。整壶方形隆起台形盖，四方壶盖面以描金手法绘制四个回纹及卷草纹装饰，纽为四方，顶部开圆形气孔。壶体表面颗粒细润，紫而不姹。壶面施以描金装饰，金彩用真金研磨，二次烧成，此种装饰工艺极为费工。通观此壶，有方正古雅、气势雄浑之非凡气度。

器身一面用描金绘江南园林之景，另一面则是御题诗句。底钤"乾隆年制"印。清帝乾隆爱茶爱园林，曾多次下江南游历。在苏浙等地的江南名园中多留有足迹。江南园林清秀精致，叠山理水，以小见大，是文人雅士品茶赋诗雅集之绝佳处。壶上园林画面以山水、亭台、草木等为元素，描绘了典型的江南园林之秀丽风貌。园林之美，在于其境。在亭台楼阁、在溪水山涧、在斗室茅舍、在松竹梅兰间，自然山水与茶人融为一体，参与茶事的文人士大夫隐逸于山水园林之间，好不惬意！

以茶道而论，铭文中"蟹眼泡就"强调了泡茶候汤之法要。壶中的茶是以煮至"蟹眼"开之时的山泉泡制。饮茶之法历代主流不同，如唐时尚煎茶，

江南园林一景（无锡锡惠公园）

江南园林一景（无锡锡惠公园）

宋时尚点茶，明清时尚撮泡，而清轻甘洌的山泉自是不能久煮，不然水老则泡茶不清鲜。陆羽《茶经》曰："其沸如鱼目，微有声，为一沸。缘边如涌泉连珠，为二沸。腾波鼓浪，为三沸。已上水老，不可食也。"北宋苏轼《煎茶歌》诗云："蟹眼已过鱼眼生，飕飕欲作松风鸣。"明代唐寅《画中茶诗》云："买得青山只种茶，峰前峰后摘春芽。烹煎已得前人法，蟹眼松风娱自嘉。"唐时鱼目与宋明之蟹眼，水沸相当，自是泡茶好水。明代许次纾《茶疏》中说："茶滋于水，水借乎器，汤成于火，四者相须，缺一则废。"以妙器、活火煮得蟹眼初沸的山泉所精心泡制的灵芽鲜汤，于园林幽境之中细品其味，浓浓的诗情画意，怎能不"齿颊生香"呢？仅仅八个字，切壶切茶切画，读来令人发恬淡闲远之思。

中国的清代是一个追求艺术完美的时代。紫砂壶艺发展到清代乾隆时是为繁荣期，壶艺风格从明代典范时期追求"雅品"的美感理想，转而追求奇巧新颖的品味。紫砂壶艺术中的清纯典雅与富丽奢华风格共荣，紫砂艺术之美，魂牵梦绕，令人着迷。

江南园林一景（无锡锡惠公园）

无锡园林（从惠山古镇品锡惠公园龙光塔）

伏卧茶林　猎之有道

——葛军制金钱豹壶

"鹰的眼睛，狼的耳朵，豹的速度，熊的力量！"卡通人物布雷斯塔警长在发力时的一句咒语，就这样被诠释在了一把壶里。吾观此壶，耳畔常常想起如斯的童年真趣。葛军先生是当代经受过正统陶瓷艺术学院教育的陶艺家。这把金钱豹壶曾在2000年9月南京举办的中国第六届艺术节上受人瞩目，以36000元落槌成交，成为当时陶艺界、收藏界的焦点。此壶以葛氏所创紫砂色饰法装饰，充分运用现代陶瓷技术，以形写意，在曲线的起伏中，收放自如，在静观中有灵动之气。读此壶，似有林中遇猎豹，险而不惊、威风袭人之感。

紫砂陶艺从业人员由解放初期的几十人至如今已逾五万，是紫砂陶业发展最为繁盛时代。政府与媒体以及众多的投资者、藏家们，把紫砂壶艺术不断推崇到一个又一个高度。尤其是2010年以来，以当代顾景舟大师为代表的紫砂壶艺术作品在拍卖市场中屡创新高，相明石瓢壶突破了千万元人民币成交之后，2011年春季又有两把破千万成交。紫砂市场

葛军制—金钱豹壶

葛军制—金钱豹壶

似乎到了好得不能再好的程度。而艺人呢？真是应了徐风先生说的，紫砂艺术要用轿子抬，紫砂艺人要用棍子打。那种学艺不精，仅以摹古复制、不图创新，热衷炒作的工匠是难以承载紫砂艺术文化之责的。而像中青年艺术家葛军先生这样，有创新，敢突破的艺术家是需要多加鼓励的。

葛军先生的作品以系列居多，著名的如“金钱豹”系列、“文明时代”系列、“四季”系列、“陶韵”系列等。近年来的贺岁壶系列也为壶友藏家喜爱。在葛氏的壶艺作品上，你能看到传统元素，现代之风，于轻松自然之中，得到陶艺之美的享受。

云松作伴　壶虎生威

——葛军绘、季益顺制雄风壶

古松若龙，虎踞龙盘，猛虎下山。栩栩如生的猛虎在松林的掩映下，格外地引人瞩目，生机勃勃，威风凛凛。壶式若一磐石，在猛虎之动势下，越发彰显壶之静气。

此壶是工艺美术大师季益顺先生与葛军先生联袂之作。观此雄风壶，在圈足似梯形体的光货壶身上，设计以花货之壶流、壶纽和壶鋬，古松松枝与松果错落有致，源于自然而又超于自然，充分表现出季先生娴熟的花货、光货的综合设计制作技艺。壶身肩部呈明显收敛，成一平台，平稳上升收于壶口，壶盖为压盖式，松枝垂成的丫形壶纽与壶鋬虬枝、壶流生发松枝呈呼应状，松针数目以少胜多，繁简得当。在松枝之下，一猛虎出林，张开大口，呼啸山林，猛虎下山

葛军绘、季益顺制—雄风壶

是也！葛先生所绘之猛虎，形态神韵俱佳，展现出作者紫砂泥绘装饰及其现代紫砂陶艺设计创新的大胆气魄。此壶壶面铭文："雄风，乙亥岁末葛军设计、益顺制。"

苍松古朴，由松果点缀其间，焕发出古松生机勃勃之态。栩栩如生的猛虎出林，呈下山之势，威猛无敌。略呈三角形稳重的壶身伏在案头，虎虎生风之壶气能振奋精神，点燃生活激情，开创伟业雄心。

三国时魏国的刘桢《赠从弟》曰："亭亭山上松，瑟瑟谷中风。风声一何盛，松枝一何劲！……岂不罹凝寒，松柏有本性。"松，不畏严寒霜雪，寒暑本色不变，傲然挺立，坚毅不拔。古人以松喻君子，象征其刚强意志、坚贞不屈之高贵品格。此壶之松，观之若生石缝，枝蔓呼应，更显其坚毅之性。

虎，山中之王也！古代把虎喻为勇武、镇邪、吉祥之象征。汉代的应劭《风俗通义·祀典》曰："虎者阳物，百兽之长，能执搏挫锐，噬食鬼魅。"在中华民俗中，民间婴孩常戴虎帽，穿虎头鞋，着虎纹衣，是长辈寄予子孙们健康、强壮、神武、吉祥之意。率领众人者，更是虎虎生威，眉宇间英气勃发，神气若虎。

此壶融古松、猛虎、形似山石的壶体于一体，两位正值壮年的艺术家联袂合作，赋予此壶勇猛大气、雄风英发之意，生机勃勃，典藏收纳，镇宅望业，是乃人生转运之宝器。

云松（黄山）

喜羊羊（春风得意马蹄疾　一日看尽长安花—2011年西安世界园艺博览会一景）

阴阳化育　菱花和合

——范伟群制合菱壶

江南的夏天，清澈的荷塘里不仅有出淤泥而不染的莲花，还有那浮在河面上叶形似菱翠绿如玉的菱角叶。“丛丛菱叶随波起，朵朵菱花背日开”，那黄色、白色的开在菱叶之间的小花则是菱花了。我们从铜镜、瓷器中就很容

菱角叶

菱　花

易地找到名中菱花的古董。比如，古时以铜为镜，映日则发光影如菱花，名曰“菱花镜”。《埤雅·释草》:“旧说，镜谓之菱华，以其面平，光影所成如此。”庾信《镜赋》:“照日则壁上菱生。”而在铜镜中，尤其是唐代花式镜中，形制为菱花外形的菱花镜被爱美的女子珍爱。唐代骆宾王《王昭君》诗曰 :“古镜菱花暗，愁眉柳叶颦。”菱花的花纹之美被人们广泛地应用于日常生活。另外，我们在流传下来的古董瓷器的碗碟造型及其装饰上都不难找到菱花的图案。

在紫砂壶上运用菱花造型尤以明末清初制壶高手范大生所制最为有名。范氏壶艺传人范伟群所制的合菱壶在传统基础上又有所创新，令人耳目一新。这把合菱壶，属筋纹器造型，整个壶散发着严谨而规整之气。富于变化的阴阳线条贯穿于壶之上下，壶把与流筋纹流转，穿行自如。壶体上设计十二瓣阴阳交融的筋纹，壶盖与壶口线条贯穿流畅，瓣瓣吻合，贯气合一。壶纽呈圆形，似整壶的微缩造型，筋纹贯通。从壶纽顶点而下，盖口、壶身、壶腹、壶底，所有筋纹纹路呈放射状由一点散发而又渐合藏气于壶底。在谨严中彰显出非凡大气的美学意蕴。整个壶艺主题表达了中华文化中“和而不同”之哲思。

紫砂器中的筋纹器，以阴阳线条之变化多元、法度谨严、规整有序的特色受到爱壶者的青睐。造壶者不急不躁，一丝不苟，壶上凹凸有致，纹路清晰自然。如今，高级工艺美术师范伟群先生及其所在的范家壶庄创新壶艺作品不断，范氏陶艺风格受到了越来越多藏家的喜爱。

范伟群制—合菱壶

紫砂像生果品（用宜兴紫砂泥制作的茨菰、菱角、核桃、花生、板栗、西瓜籽、葵花籽、荸荠、白果是江南常见的美食）

闲趣麻将　玩亦有度

——丁洪顺制休闲一族壶

中国人，谁不识麻将？搓麻将、打麻将、搬砖、垒长城、摆方城等，“华灯初上时，万户搓麻声”。在中国，麻将娱乐参与人之多，普及面之广，称其为“中华第一大娱乐”不为过也！而有些城市，如川人打打小麻将、喝喝盖碗茶的惬意生活而成为城市休闲文化令人羡慕的对象。

色子一掷，听从天意，谁先起手，无可争议。亲朋好友围聚一桌，哗哗啦啦声，在乒乓置子声中，其乐融融。

丁洪顺制—休闲一族壶

休闲一族壶即是取自于中国麻将中的色子造型，壶体以段泥抟制，正方形六面六点装饰。转角处以圆角自然过渡，方中有圆。壶纽是具象的色子，与壶体作大小、上下呼应。壶把呈大耳型，壶流三弯，壶流之曲与壶体之方作对比呼应。整个壶体造型方圆变化自然，各部件和谐呼应，有力地表达了麻将游戏的休闲特性。

作为喜闻乐见的娱乐麻将游戏，源起何时？带着这样的疑问，笔者查阅典籍文献，发现有多种能自圆其说的说法，而无法否定其他，至今仍无定论。麻将游戏起源可追溯到两千多年前的宫廷游戏——博戏，博戏发展演变于元末明初，有个叫万秉迢的人在读了施耐庵所著的《水浒传》后，而发明了"麻将牌"。另有说法是唐代魏州昌乐人有个叫张遂的人，后来出家做了和尚，法名一行，他是我国著名的科学家，尤其在天文和数学方面有过杰出的贡献。他曾根据博戏编制了一套供人们娱乐用的纸牌"叶子格"献给唐太宗李世民，"叶子格"流传到明朝，演变为马吊牌，马吊牌流传到清代，又有新的发展。到清代后期，麻将便成了正式的牌名，并由原来的纸质改成了用竹子与牛骨或象骨嵌合的长方体，玩起来更为方便有趣。还有一种说法是，起源于江苏太仓。太仓在古代是皇家粮仓，仓内常年囤积稻谷，以供南粮北运。粮仓既设，雀患便生。守仓兵丁以捕雀取乐，仓官发竹制筹牌记数酬劳，筹牌上刻有文字，可用来作游戏，牌子又是赏钱，有证券价值，于是刻意用来作输赢。这种游戏流传演变，便成了麻雀牌，其玩法、术语等都与捕捉麻雀有关。还有一种说法是明朝三保太监郑和下西洋时发明的。另外，还有清代道光年间的陈鱼门秀才发明的说法等。

我们从麻将众多的起源传说中不难发现，历代人们对这一游戏热爱推崇的程度。岁月悠悠，我们无法考证究竟是谁发明了麻将，但我们从麻将游戏中，不难看到中国人对休闲娱乐、轻松自在的生活的不变追求。麻将文化之博大精深，发展到各地打法也不同。20 世纪 20 年代中期，麻将还传到日本、英格兰、澳大利亚和美国等地。与当地娱乐文化结合、改良，也成为人们喜闻乐见的轻松游戏项目。

麻将能放松身心，益智健脑、沟通人际关系，给人们带来欢乐。但又因麻将游戏容易成为赌博的工具，打麻将也给诸多家庭和国人带来了不和谐，因打麻将而造成游戏者玩物丧志，耽误工作，有损健康。

放松身心，休闲有度——是我们当下娱乐休闲应当持有的心态。

圣桃甜美　福寿昌隆

——汪寅仙制红泥圣桃提梁壶

汪寅仙制—红泥圣桃提梁壶

江南的春色里，总少不了那红艳艳的桃花。春华秋实，无锡阳山之水蜜桃硕艳、甜美，香郁，品赏之余，叹之：此桃美味堪比那《西游记》里孙大圣偷摘王母的蟠桃吧？！江南风物之美，总是令人感觉恐怕神仙也会因此下凡吧。

此尊宝器是汪寅仙大师的花货代表作之一。光素与花塑浑然一体，壶体为一硕大的仙桃，一株老枝弯成三叉似有韧劲提起硕桃，给人以轻盈利落之感。壶体腰部一侧塑一弧线，仿生鲜桃之纹，使人观之有微笑意趣。壶盖装饰较为繁复，巧塑一大一小桃两枚，桃叶八片，在看似繁复之中完美展现了大师娴熟的手工技艺。提梁塑造十分用心，在老枝上错落有致地排布枝孔、枝芽、初生小桃等等，有老枝抽新芽、生机无限之趣味。此尊宝器以纯净的红泥塑就，花货之美，美就美在源于自然而又超脱于自然。作者提炼像生元素，再造花货之美。富有情趣与生活之美的器物，则具有了心灵的关怀，人间的祈愿与祝福。

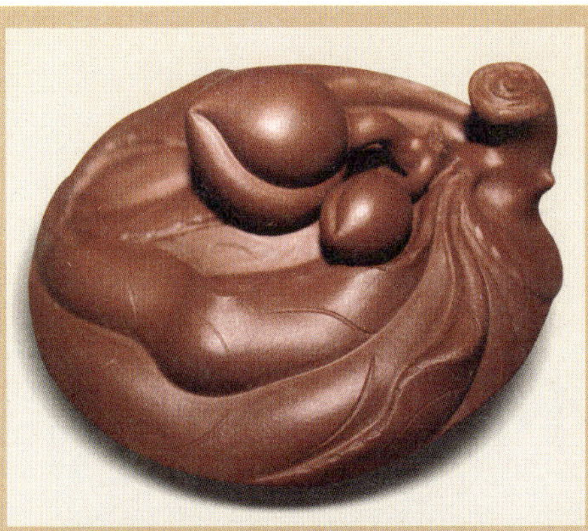
汪寅仙制—红泥制圣桃提梁壶壶盖

“福禄寿禧”之吉祥文化，便是祝福祈愿之永恒主题。中华桃文化，传承千百年来，是长寿与避祸祈福的象征。《汉武故事》中说，西王母种的蟠桃“三千年一着子”，食之可长生。《诗经·国风·桃夭》中有：“桃之夭夭，灼灼其华，之子于归，宜其室家。”是说桃花季节，举行婚礼，阖家相合。另，桃木可祛灾，驱邪。桃子又是长寿的象征，饮茶益寿，茶寿桃寿相得益彰。

在江南，人们每每外出探访，常折一桃枝随身携带，以驱邪避祸，是民俗事项中的常态。在道教法事之中，以桃木剑燃纸驱恶，则更从宗教意义上使桃成为了具有心灵力量的吉祥之木。在小儿手臂上，人们也多以红丝线穿一桃核或连数个桃核连成手串，以祈福仙灵护佑，邪鬼远避。人们爱桃，食桃，画桃，贡桃，赞桃，桃文化已经与人们的生活融为一体，爱桃之人亦必得桃仙佑之。

作品纯色红泥，红得吉祥可爱。中国红，红得喜庆，红得热烈，红得幸福安康！

汪大师在 1959 年 11 月间曾完美复制了清代圣思桃杯，那杯底复杂的小桃及其桃叶层层叠叠，错落有致，令人叹为观止。通过仿制历史名作，大师塑桃技艺变幻无穷，在此尊红泥圣桃提梁壶上更是得以完美再现！提梁、壶盖、壶体，三位一体，繁复有别，盖纽为壶眼，尽显神韵，整壶通体贯气，劲爽有力！

（清代）圣思桃杯

积善之家必有余庆，积德行善寿比南山，花开吉祥，果报福寿。藏宝器而纳吉祥，在壬辰之春，祈望秋实之际，我们与圣桃有缘。

不图捷径　一心耕耘

——吴鸣制青灰樱桃壶

"樱桃好吃，树难栽……"，似乎每每见到樱桃，耳边总是会响起这句话。小时候，曾听过歌词如是。依着儿时模糊的记忆，网上一搜，方得知：这是马烽作词、张棣昌作曲的电影《我们村里的年轻人》的插曲。歌词是这样的："樱桃好吃树难栽，不下苦功花不开，幸福不会从天降，社会主义等不来；莫说我们的家乡苦，夜明宝珠土里埋，只要汗水勤灌溉，幸福的花儿遍地开；只要汗水勤灌溉，幸福的花儿遍地开。"当然，有果蔬专家介绍说，樱桃生长对环境的要求高，既怕冷又怕热，既怕旱又怕涝。年降水量在 600 ~ 700mm，冬季温度不能低于零下 20 摄氏度。还易受病害侵袭。果树上成熟的樱桃，鸟

吴鸣制一青灰樱桃壶

类也爱食。由此而论，樱桃好吃，确实不好栽培。

“樱桃好吃”一曲，似乎也告诫我们：世上没有谁能随随便便地成功，一分耕耘，一分收获。读吴鸣先生的壶，你能看到诗情画意，能感悟到壶非壶，画非画。在光润的壶面上有闲逸的几块粗糙质朴的肌理，有数语拙朴的壶铭。先生说，他的壶作是紫砂壶艺发展的一种可能的方向。能泡茶与不能泡茶之创新壶艺作品，在吴鸣的手上，鲜活起来。吴鸣先生的壶艺作品，通过造型的变化将多种创作理念、多种艺术元素巧妙地融合到一起，赋予作品以强烈的艺术感染力。集设计、制作、刻塑于一体，最早全方位进行现代紫砂创作研究，其创作融合传统、演绎现代、关注未來，自成一格，对现代紫砂创作具有积极的影响。

樱 桃

眼前的此尊青灰樱桃壶，壶式以圆润的樱桃外形造型，壶纽为抽线化了的樱桃梗，壶身上以色泥装饰几只樱桃，梗蒂处以陶刻画，壶流下方的壶体上刻以文字，有书画落款之意。壶盖与壶体以嵌盖方式设计，壶口与盖处的红泥樱桃彩饰以两瓣组合。壶流、壶把和壶纽均以筋纹梗藤状装饰，直流、弯把与似流线飘动的纽营造出一种流动活泼的青春气息。青灰樱桃之气韵，观之有生机勃勃、美丽青春之感。

童年味道　浓烈天香

——高建芳制金铃子壶

炎炎夏日，听着树上传来知了的叫声，不禁让人想起儿时游戏时光。童年的记忆是那么的甜蜜！我和弟弟总是在最烈日当头的时候，趁着大人们睡午觉而跑出门去寻找乐趣。捉蜻蜓、打知了、到菜园子里找好吃的……那菜园子里永远是那么令人迷恋。似乎有些蔬菜和水果是被我们用手捏熟的，尤其是我们称其为“赖葡萄”的，即是金铃子了。这个能吃的水果，呈纺锤形，和苦瓜外形质感极似，同属于葫芦科植物。不同的是苦瓜是蔬菜，金铃子是水果，而且金铃子的肚子要大一些，没有苦瓜那么长[①]。只有金黄色的金铃子的瓤子是甜甜的，那打开外皮后鲜红的瓤，让我们垂涎三尺。似乎，金铃子总是难以让我们解馋，因为红色颗粒下包裹的是一个个大而扁平的籽，有甜味的瓤少之又少。小孩子们后来都以收藏赖葡萄籽而为荣了。因为，收藏的多，代表明年可能会享受到更多的甜蜜之味。

---

① 注：癞葡萄是葫芦科的一种蔓生植物，产于印度中部，医学上称山苦瓜，但不等于苦瓜。癞葡萄植株的分枝能力强，深裂叶，果型两头尖，中间粗，呈锥型，长约 8 ~ 10cm，粗约 5cm，表面长满瘤状物，无论是雌花还是雄花，其花柄特别细长，花柄的下部着生一枚很小的圆形叶。癞葡萄入药始见于明代朱橚所作的《救荒本草》。中华医圣李时珍《本草纲目》中也有详细记载。

时光如梭，已近不惑。我的儿子也上小学了，住在城市，难以再体验到我们那时的欢乐。和儿子讲述童年的趣事，成为他了解爸爸童年的一个重要途径。如同听有味道的故事一般，那小子透明的眼神中充满了好奇与渴望，他很想看看那时候的生活。只可惜，我们现在还无法坐上机器猫的时光机，只能回忆畅想了。

这把金铃子壶，壶身以红泥制作，仿真象形，集果、花、叶、藤于一壶，源于自然，高于自然，体现了作者精湛的花货设计与表现技艺。壶体为成熟的果实形，盖以嵌盖方式与壶身密合，果棱线交合末端自然过渡成壶流，壶身、盖、嘴巧妙地合为一体，彰显出红艳成熟的金铃子。那金黄色的小花化为壶纽，翠绿弯曲的藤茎似乎蕴藏了一股生命的力量，延伸弯曲成壶把，并于壶面塑一片青叶，让作为壶体的果实饱满而富有生机。壶身表面肌理呈凹凸粒子状，与果实的外壳自然贴近，通体造型饱满、生动，壶体赭红有光泽，壶纽花朵鹅黄明亮，壶把藤茎青绿有力，红、黄、绿色彩搭配和谐，生机勃勃，富有生活情趣。

江苏省工艺美术名人高建芳师从蒋蓉大师学艺，擅长创制象形、仿真壶

成熟的金铃子

尚未成熟的金铃子

尚未成熟的金铃子

金铃子藤叶

红艳欲滴

金铃子的籽

高建芳制—金铃子壶

式的花货作品，在多年的壶艺创作实践中形成了以巧形、巧色、巧工为特色的艺术风格。她所创制的瓜果、荷花、莲藕、花草、蔬菜、虫鱼为主题的 6 大系列 80 余个品种，仿真形神俱佳，充满了灵气和生命的律动。其中“世外桃源”、“荷韵壶”等 10 余件作品获国家金、银奖；“荷花单杯”、“如意枇杷”由国务院办公厅收藏于中南海紫光阁陈设。被紫砂藏友及业内人士赞誉为“象形壶艺第一传人”。

秋果盛报　福益子孙

——顾道荣制松鼠葡萄桩壶

顾道荣制—松鼠葡萄桩壶

一段饱经风霜的老树桩上葡萄串串，活泼可爱的小松鼠嬉戏其间，是欲享受葡萄的美味。耳畔仿佛传来了《吐鲁番的葡萄熟了》那熟悉的旋律。葡萄是由西域传来的植物，《齐民要术》曰："汉武帝使张骞到大宛，取葡萄实，如离宫别馆旁尽种之"。东汉时期，葡萄纹在内地装饰图案艺术中出现。唐时，葡萄纹在工艺美术领域里已普遍流行。而松鼠葡萄纹则在清代陶瓷器物上多能见到了。

此尊宝器是作者以松鼠葡萄为题材创制的花货壶艺力作。壶身以树桩形塑型，结节斑驳，姿态挺立，粗糙与细润刻画精当，壶体盘绕着葡萄枝，间塑松鼠有藏有露，嬉戏藤间。藤蔓曲折遒劲，叶面凹凸皱折，叶脉清晰。三弯嘴和虬曲藤枝鋬相互呼应，筋脉绵延贯气。盖面配合严丝合缝，壶纽以一组葡萄枝叶塑成，形象生动。壶体追求画意，虚实结合，枝叶、葡萄与松鼠交错呼应。整壶以纯净紫泥塑之，有暗喻“紫气祥瑞”之吉祥寓意。整体观之，壶体装饰虽为繁复，但不散乱，画面松鼠嬉戏藤间觊觎美味葡萄，是一幅吉祥、喜庆富有情趣立体画卷。

作品以写实主义手法，描绘出中华民俗文化中“多子多福，丰收富贵”的吉祥祈福心理。葡萄果实堆叠繁密，硕果累累，象征着秋日里，五谷大获丰收和富贵绵长。葡萄成串，寓有“多”义。松鼠是一种十分可爱、具有性灵的小动物，鼠在十二时辰为子，喻“子”之意，葡萄松鼠纹寓有“多子多福”、“子孙万代”、“丰收”的吉祥祈愿。葡萄蔓延的枝条和丰硕的果实，象征着“富贵长寿”，深受人们的喜爱。

壶之器硕者，陈设贡之，为子孙祈福，寓富贵甜美，此壶尤佳也。

顾道荣制—松鼠葡萄桩壶壶盖

天然五色　复归于朴

——陈国良制阳羡溪头组壶

千年陶都，厚土养人，土中淘生。宜兴陶文化源远流长，那五色土的紫砂传说，始陶艺僧指引人们去黄龙山上寻觅富贵土，而金沙寺僧会抟土为壶，窃仿老僧心匠的供春制壶，“淘细土抟坯，茶匙穴中，指掠内外，指螺纹隐起

陈国良制一阳羡溪头组壶

可按，胎必累按，故腹半尚现节膆，视以辨真”[①]。传为供春传器的树瘿壶，以古银杏树瘿纹及手指螺纹透露出人们对崇尚自然与人文之艺术追求。清人汪文柏的《陶器行赠陈鸣远》云：“人间珠玉安足取，岂如阳羡溪头一丸土。”紫砂矿石淘练为泥，经历艺人之巧手抟制而贵比珠玉。五色紫砂土，让一代代的宜兴陶人生生不息，引以为豪。

陈国良先生所创制的阳羡溪头组壶，一套六件，由一壶、一公道杯、四品茗杯组成。从外形上看，均为徒手捏制，运用紫砂多种原料抟制。壶体、壶纽、壶把、杯及其柄多是状若溪头卵石，色彩不一，主体为段泥，呈温润如玉之美。主体壶为三足造形，其中一足与把相连，过渡自然，有九个形态各异的卵石围绕壶体构成，似暗合“女娲补天”之意。整套壶，取法自然，清新拂面，在看似随意之中，饱含人文之趣。

手工的质感惹人心动，阳羡溪头组壶自然清新，毫无刻意做作之感，让生活在工业产品包围中的我不禁观壶起念，念起儿时的玩泥巴、信手抟土的美好时光。仍记起儿时的父亲，能在挖涵洞的黏土胶泥中，给我做一个如猫头状的土埙，呜呜作响，好不欢喜。如今，岁月匆匆，小儿也上了小学，念起旧日时光，对儿时呜呜作响的土埙之念想。逛逛淘宝网，淘到五六个不同的专业土埙，三四个造型百态的陶笛，在呜呜哇哇之中，我和儿子玩得其乐融融。

在吹土为声中，感悟太古遗音之韵。耳畔中仿佛传来山中潺潺的溪水声，山崖上舞动的绿色的叶子。春风拂面，野花飘香，沁人心脾。

中国人热爱自然，恪守天道，在一壶清茶中涤烦去燥，让心灵归于宁静。

① 吴山 . 中国紫砂辞典 [M]. 南京：江苏美术出版社，293 页，2007 年 9 月第 1 版 .

以鼓为记　道友兰言

——顾景舟制座有兰言仿鼓壶

明代周高起在《阳羡茗壶系》云："本山土砂，能发真茶之色香味"。古阳羡黄龙山之土砂，宜发茶性。并以其良好的可塑性，艺人们在紫砂器上施以刻画装饰，铭文以记载盛事，艺术之思。顾景舟先生的此件"座有兰言仿鼓壶"即是他一生制壶艺事中少有的量产之作。

顾景舟制—座有兰言仿鼓壶

顾景舟制—座有兰言仿鼓壶壶盖

此壶色深紫，造型端庄古朴，乃紫泥中的底槽青泥料抟制，胎质细腻。壶身扁圆，呈鼓状。仿鼓壶是宜兴紫砂器中最具代表性的作品之一，亦是当今紫砂艺人的必修之器。仿鼓壶体浅且壶口大，散热快，易观茶叶与汤色，除能泡发酵类的茶叶以外，还宜沏泡绿茶。壶流以一弯流造型设计，出水圆长，壶流口不涎水滴。壶鋬成环耳状，端拿轻巧，手感舒适合度。壶体一面刻“座有兰言”四个隶书，另一面刻“全国省银行第六次座谈会纪念，江苏省农民银行，江苏省银行敬贺”，底款为“足吾所好玩而老焉”篆书款，盖款为“顾景洲”。壶铭“座有兰言”是以经典而创。《易 · 系辞上》：“二人同心，其利断金；同心之言，其臭如兰”。兰言，是指心意相合的言论。心意相合才会有共同语言。而因茶而入座，因茶而结缘之人，应是道友，也表达了作者期盼因茶而座的朋友是兰言之友。

壶身整体协调、对称，具有节奏感。壶盖与壶口处的子母线，略厚宽于口线，弥合天盖地之造壶理念。壶底内凹，盖身吻合严密，密不透气。扁圆形的壶纽与壶腹相呼应，壶流与壶把设计均衡，以壶口为中线，壶嘴、壶盖、壶把上部的曲线遥相呼应。此壶素面素心，仅以陶刻书画装饰壶体，抚之温润若豆沙，极具触觉美感。

“座有兰言仿鼓”是把纪念壶，1964 年由全国农民银行委托当时宜兴分行蜀山办事处主任周志禄去处理。周志禄请徐祖纯找顾景舟先生做壶，壶坯请吴同构书写、诸葛勋刻字。此壶泥料温润绵密，包浆浓厚，丰盈饱满。清水素颜初见朴实无华，细细把玩，方觉蕴涵深远，大巧不工，佳器天成，收藏此壶，亦是收藏了一件历史的见证。

顾景舟制—座有兰言仿鼓壶（局部）

临风一啜　宇宙一梦

——张守智设计、曹婉芬制月韵壶

神秘的宇宙
奇异的飞碟
有谁又看到它了

狂喜
从那一如平淡的生活中
惊醒

飞天之梦
也许是本属于那个故乡星球的呼唤
嫦娥带着她的玉兔去了

而今
在月韵的提梁上
又会是谁

提拿
瀹茶
品一壶

张守智设计、曹婉芬制—月韵壶

古韵遗风　普洱茶情

——清代乾隆年间无款点彩古风壶

岁月消磨了年少轻狂之气，自信与成熟写在了爬满皱纹的脸上。虽然这皱纹还不是很深，但要为你脸上的皱纹负责这样的告诫，似乎很早就刻在了我的心里。在年少之时，话语中透着咄咄逼人之感，急躁易怒，心未能安。当发现这样的问题之时，以茶涤躁的修行意识，不知在何时竟然成为我生活的信条。从很少喝茶到教学茶文化，以至“每日不可无此君”，茶不仅给我带来了生理上的营养与健康，更是让我一颗狭隘浮躁之心慢慢地沉静下来。茶有益，喝茶有大益，这些耳畔的广告语，也让我心生快慰——终于央视里有了由中国传统工艺茶叶的

清代乾隆年间无款点彩古风壶

广告，而不是口味甜腻的茶饮料广告！让周围人对我所从事的教学与研究有了一定的认识。谁敢说，茶饭之中没有文化呢？谁又能否认研究这些文化是没有意义的呢？

生在淮北平原，家乡是不产茶的。少时受经济及物流的影响，云贵之茶未能进入日常生活，而仅有皖南的大叶子茶或茶末碎渣才可能进入经济拮据的农村人家。工作之后，在不断开阔视野以及有意识地购买各地茶叶之后，才发现了陈年茶叶也有特殊的风味，而且，这独特的乔木茶树叶子的滋味也一度地牵动着一颗爱茶的心。普洱茶火了，紫砂壶火了。经过了几番市场沉浮的激流之后，人们对茶与壶的追求也渐渐地冷静了。喝有机茶，用真紫砂！然而这样的追求，在如今道德失范的市场下，又怎能不是一种奢求？

喝着大品牌的普洱，似乎能让我们有一点的放心。看着家里夫人买的豆芽机，忽然间才从记忆中拾起：绿豆芽本来就细如丝！我们的饭桌上一直吃的都是加了化肥与保鲜剂的绿豆芽！每每有人问我，为何要洗茶？我总是说，即使没有农药污染，即使洗不清农药残留，也算是对茶叶的尊重吧，让我给远方来的茶叶接风洗尘，静心面对这一壶茶叶时，能够赤诚相待，没有欺骗。

认真读壶，无款的壶似乎更多了一些神秘的味道。与时下相比，作为造物之人，古人比今人更多了一分虔诚与恭敬。这把清代点彩大壶，式为古风，不知何人所造，粗犷之中带点色彩，很有点风趣小老头的味道。

耳畔传来古琴大师姚公白先生的古风操，一把真材实料的老壶，陈年的云南普洱，在老壶中渐渐地生发。我静静地坐在阳台，对着无边的夜月，心底的古韵越发的浓烈起来。轻轻地提起这古风壶，揭开壶盖，添水，用细细的茶通趁着夜光，把茶理好。滚沸的山泉，在古风壶上烟雾蒸腾起来，醇和而富有历史滋味的普洱，使我忘却了红尘琐事，洗涤了烦心，空净了心灵。想起了郑燮的“难得糊涂”，感悟到作为普通人的无奈与人性中可以做到的自我坚守。茶含苦涩味，茶是清苦的，但回味甘甜。

讀壺瑣語

DU HU SUO YU

吃茶读壶，在不可一日无茶的平常生活里，我所饮用的并非是什么名贵好茶。近年来，那几十元一斤的叶子不小、叶梗修长的江南炒青成了我的爱喝常喝的品种。

我常常在无锡南禅寺的大众茶馆里和我的忘年交朱郁华教授一起喝茶，在喝了茶馆的一杯炒青之后，大家便拿出新近淘来的好茶一同分享、品评。

这些有茶有味的美好日子，总是令人回味，而喝茶之余，便是念壶、谈壶了。

东林书院心鉴斋吃茶

器物精粗之辨

华健制—六方莲子壶

闲来读书，读到明代制壶名手徐友泉曾有过“吾之精，终不及时（大彬）之粗”的慨叹。读来，总感到徐先生无论是做壶还是做人的谦虚和大度。手工艺人，多是继承传统劳动人民气质最多的，我一直这样认为。尤其是能够投机钻营、夸夸其谈，目无一切的这些特点几乎在他们身上难以找到。这是对艺术的追求和对人生目标追求的统一。一个手艺人，他的最小目标无非就是做出来的东西好，能够卖个好价钱，以便“得一己之福”。而真正到成名成家之后，才有可能以自身的力量为乡人造福。看到顾景舟先生晚年的兴学之举，以及“辅导”教授弟子和为振兴紫砂所做的事业即可窥探一二。作为紫砂业的手工艺人，其抟土为生，从业一直和土地结下了不解之缘。农民也是以土地为生，虽不抟土，但翻土种植养植为生。从某种角度来看，紫砂艺人，兼具有农民的勤劳朴实和手艺人聪慧的特点，是与其他不和泥土打交道的艺人不同的。

在中国人内心深处，一定是和泥土最亲近的。那远离故乡的游子，也多以包一包乡土为纪念，至老迈，也多以叶落归根，入故土为安。文人雅士也多追求内心最质朴的没有任何造作粉饰的砂壶为寄托，在略苦微甜的茶汤里，体会人生百味，体会被粉饰的世界和假面的应酬。

我之精不如时之粗也。一是对古时传统的敬仰，二是对自己理想的强化。工粗固然不好，但近几年来，在创新举的国之呼下，壶界追求精工巧饰，似乎少了些紫砂本真的魅力。壶之神品是因造壶之人的艺术修为高，而非善于名气炒作。作为一个投身艺术的制壶艺人，向内求己，内修正气，以尽对外之责任。这也是儒学之“修身齐家治国平天下”的大志，也是我们内心深处所需要坚守的人生信念。

王寅春制—仿古壶

顾绍培制—卧轮壶

明代紫砂带流煮水罐

吕尧臣制—海之恋套壶

周桂珍制—红如意壶

（清）邵大亨制—八卦捆竹六方壶

高振宇制—不争匏瓜壶

张正中制—桔皮脱颖壶

曲流之曼妙

徐汉棠制—龙宫宝灯壶（三弯嘴）

从古代典籍中我们不难发现，对于壶流造型的好恶，存有多种取向。有人喜欢直流造型，出水急、直而有力；有人喜欢曲流，出水曲而舒缓，真是各有其趣。

李渔说："置物但取其适用，何必幽渺其说，必至理穷尽而后止哉。凡制茗壶，其嘴务直，购者亦然，一曲便可状，再曲则称弃物。盖储茶之物与储酒不同，酒无渣滓，一斟即出，其嘴之曲直可以不论，茶则有体之物也，星星之叶，入水即成大片，斟泻之时，纤毫入嘴则塞而不留……"[①]

日本的奥玄宝在其所著《茗壶图录·理趣》中说："近日壶癖家，言身必推小、言流必推直，强以为解事，予未以为然。盖推小者，其理出于点茗之便，推直者，其理出于注茶之快，便与快则主实用言之。然壶本玩具也，玩具之可爱在趣而不在理，故以理则小直而可，以趣则大曲亦可。知理而不知趣者，独取小与直，而不取大与曲。知理又知趣者，不论大小曲直，择其善者皆取之。知理而不知趣，是为下乘，知理知趣，是为上乘。此语盖壶癖家顶门之一针也。"[②] 当下的我们择壶泡茶，应"不论大小曲直，择其善者

① 李渔，闲情偶寄 [M]. 浙江古籍出版社，1985 年版，第 203 页 .

② 中国陶瓷名著汇编 [M]. 中国书店出版社，1991 年 5 月第 1 版，第 214 页 .

皆取之”为妙。宋伯胤先生在其《茶具》著作的前言中，谈到茶具的改进问题，其中有把壶短而直的壶嘴，慢慢改成细而长的两弯或三弯嘴。而这种改进的目的，是“为了茶香不泄”，“保持壶内的茶味”。此说即是推崇曲流为佳，与李渔尚直流迥异。

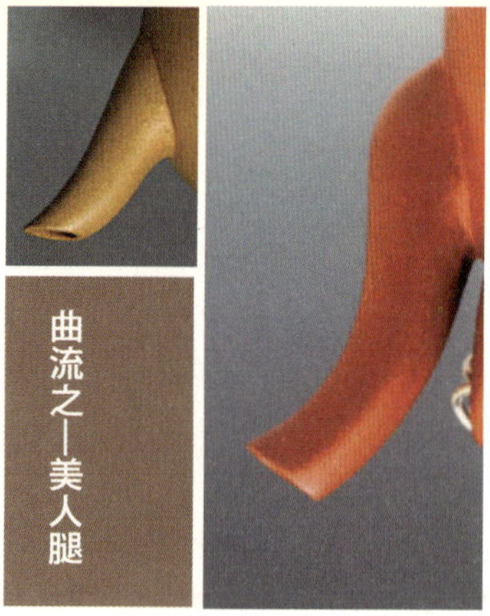

曲流之——美人腿

另有造壶艺师发现曲流之美者，把曲流视为“美人腿”——只要把壶倒置，从侧面视其壶流，即能感觉的到。可以说，拥有“美人腿”的壶，多为好壶美器也！

当今中国，一个“躁”字令茶汤也现起阵阵涟漪。君不见，直流大嘴壶倍受推崇，人们似乎更愿意接受从壶嘴流出的“爽、壮、急”的茶汤。因为，处在奔忙中的世人，端起品茗杯也喜欢一饮而尽。

笔者在研读中国古代风水文化的文献时，发现中国古代风水文化中，“尚曲”（崇尚曲水，不尚直水）在中国风水说中也多有体现。比如，“吉砂”形态学说讲的就是一个半圆形。水流三面环绕为吉，谓之“金城环抱”。《水尤经》有：“直来直去损人丁”，“水见三弯，福寿安闲，屈水来朝，荣华富饶”，“气行则水随，水止则气蓄”。认为“气”是运动的，“吉气”走曲线，“煞气”走直线，“曲则有情”、“曲径通幽”，水止之处，气就有储蓄，曲水比直水好。我们以砂壶泡茶出汤，水流曲直的取向，从古代风水文化中也能品出另一番文化之趣。

李碧芳制—段泥花印包壶(直嘴)

吕俊杰制—菩提壶（二弯嘴）

曹婉芬制—僧帽壶（鸭嘴，流）

曼生铭，邵景南制—井栏壶（一弯嘴）

壶上的虚线

文人对紫砂壶的欣赏，多是梦求简约素净之器。尤其是扁圆之光货，成了多数文人追求的对象。平日里我对砂壶极其爱恋，每遇佳器，用心品评，心中溢美之情难以言表，畅想着若是手触之美又该是如何的美妙。在极其简约的造型线条里，我端详着砂壶的每一条线条，或直线或曲线，缠缠绕绕着进入我的思绪。

近来，犹喜壶盖和壶体之间形成饱满的虚线，亦称子母线。这条虚线是壶盖和壶体共同创造的，揭开壶盖，虚线刹那间就消失了。放好茶叶，倒满泉水，轻落壶盖，虚线就在蒸汽氤氲的壶盖四周越发地清晰起来，它总是壶上颜色最深的线条，也是最虚的线条，在壶上分割着壶盖和壶体，它总是用最深沉的色彩来诉说着壶的思想。从读壶之中，告诉你做壶人的所想和想要对你说的话。

壶上子母线的宽度和厚薄度，会直接影响到壶的整体气度。若做的不好，子母线的粗疏很可能将整把壶的气韵冲散掉。子母线要做到宽、薄、均衡，制作手法上上盖沿要略厚于壶口沿,横向略宽于壶口沿。从远处看则上下厚薄、横向宽度一致，这样设计的目的是壶盖要能够压得住壶身，壶盖之气能与壶体连成一气而不断。

高明严谨的制壶师傅总是在这虚空的线条中留下一点什么，至少让读壶者能够读懂什么叫“细节决定成败”，什么是“没有止境的艺术”。

喝着紫砂壶里色香味俱佳的好茶，才知道好茶是需要用这样的紫砂来泡的，不然，那唯美的真味就失去了它应有的道——味道。

高湘君制—提梁壶

王小龙制—吉梨壶

周桂珍制—大彬如意壶

仿古壶的子母线

顾景舟制—大口扁腹壶（壶口子母线）

高振宇制—隐元壶

强调壶盖与壶体的子母线

高振宇制—小钟德

见壶如见人

一个真正的艺术家，一定能把自己化进他的艺术作品中去。无论是书法、绘画、音乐，刺绣，凡属艺术，皆有人之性情烙印。看历代制壶高手的作品，结合典籍记载的其人典故文献，性格与艺术韵致无不相合也。由此，懂壶艺之人，以清净心读壶，无不“见壶如见人”也！当此，与“鉴壶如鉴人”、“做壶如做人”皆通也！我们敬仰顾景舟大师，他就像是一位知识渊博的学者、一个儒者、一位自信又有点顽固的老人。顾先生的作品也一如他的人格，极具文人之清高风骨、纤巧秀气、儒雅精妙。蒋蓉大师的花货，大度妙趣，生机勃勃，富有生命之美，是因为蒋大师的童心童趣，对艺术真善美的信仰，对世界人心的慈悲情怀。何道洪大师则像是一头勤奋有为的垦荒牛，个性张扬，锋芒毕露而又力大无比。何先生的作品气度非凡，撼人心魄。高振宇先生胸襟开阔，法度谨严，他的作品在清逸之中透露一种君子淡泊如茶的儒雅之风。

当今紫砂市场，多元繁盛，假冒伪劣，精真妙绝，各类壶艺特色齐备。爱壶之人正大声疾呼：“愿高手们的壶，把把不同！”是为尊重艺术，也是对造壶艺人的期盼。

吕尧臣制—回娘家壶

紫砂壶的线条美

面对一把立体的壶，端详于此，莫不是多种线条的交织。于交织中，藏风聚气，彰显艺术之美。在壶上，直线带来爽净之美，凸显壶之方正风骨韵致。直线之中，粗线重实，细线活泼，粗细对比，动静相宜。曲线能带给人一种圆融、包容、婉转之美，同时也使重心在曲线的变化中得到改变，给壶带来了静中的动感，凸显出壶艺作品的灵动之美。

书法家弘耑先生云："真识书者，惟观线条，不见字形，从心者上，从眼者下。"观字与观壶理趣相似也！壶艺与书艺，都是中华艺术文化之佼佼者。

从具象到抽象，从点到线再到面进而体，再从体到面、线、点。这样的观赏与实践的反复，让我们一次又一次地深入紫砂壶艺，一次又一次地徜徉在中华文化之中，让火与土的艺术在美妙的紫砂壶上绽放！

蒋蓉制—南瓜壶

王寅春制—半菊壶

汪寅仙制—曲壶

潘持平制—青狮壶

吕尧臣制—逸者寿

哥拉塔设计，曹婉芬制—怒放壶

弘耑书法—无极

赏壶之标准

面对砂壶，内心深处总不自觉地浮起许多不自信的声音：这样的壶是好壶吗？这样的壶是美的吗？看写鉴赏壶的文章，总多有雷同与相似。“精、稀、名”，“名、精、稀、艺”，“泥、型、工、功、款、韵”，“三点一线”，“听声音”，“闻气味”（似乎有衍生出闻刚烧成的壶气味、泡完茶后的气味、泡 3 ～ 5 天之后的气味之说）等。笔者不想在此讨论孰是孰非，因为玩壶爱壶者所形成的看法不是一天而就的，你想用一句话就令他改变想法，也是十分困难的。甚至还有人带着卡尺仔细衡量壶把、壶口和壶嘴是否在一个平面上，即是所谓的“三平”。这种判断方法的形成，其实是在旧时紫砂壶制作条件的局限下所形成的。因为在做壶过程中，要将壶坯正、倒几次翻转，分别在上部和下部加工，如果不平就会给施工带来不便。但随着制壶工艺及其审美的变化，从泡茶实用性角度看，壶嘴和壶口高度应该同一，这对泡茶茶艺操作有利，但若是以陈设审美追求角度看，壶嘴、壶口和壶把的高度应随壶的主题思想进行有机的设计。如同，有茶友曾对我说，他认识一个自称儿时就开始饮茶之痴茶者，其自信到认为自己就是判断茶汤好坏的第一个高人。他们交流时发现，他所泡的茶均是极苦，问及为何？他一脸正经地说道：不苦还是茶吗？

总是能看到比例古怪和标准得如车床车出来的砂壶，哪一个是好壶？

书法家弘嵛先生说："临碑读帖，就是寻找美的规律、养成良好的习惯，人的成长就是不断地克服无知和低能，形成自身优良的品性。"

传世经典，从来不是那种花枝招展、江湖杂耍式的作品，真正的经典，初觉平淡而余味遥深，冲击的不是眼睛，而是心灵。顾景舟先生说，从明代有紫砂壶艺术算起，几十位大名家，留下的作品不过寥寥。由此观之，德艺双馨之艺人的力作，乃是与观者心灵相通的真诚、善良、美好的艺术之作，未必是价格最高昂之作。

从紫砂壶艺术的审美角度审视，赏壶乃是观气韵也。

壶之气韵是一件作品的内在，在壶之线条、转角、流与把，纽与嘴处萦回、洋溢，为读壶者百读而有味。粗线条主其气势，细线条主其活泼，在一把壶上呈现出轻重交替、虚实相生之美，弧形线条给人以一种圆融、包容、婉转之美感，同时也使重心在弧线中得到了改变，使壶在静中得动感，增添活泼趣味。

丁维其制—报喜鸟壶（朱泥）

徐汉棠制—石瓢壶（三平）

韩美林设计，吴亚亦制—新鱼欢壶

辅助制壶的石膏模具

朱可心制—竹顶壶

制壶模具图片

壶之气韵也是一个艺术家的气度、心境的折射，这样的造壶师，在造器时必定是胸有成竹，气定神闲，从容平和，心思恬然，心手合一，人壶合一。

一个日益机械化、商业化、快餐化、模具化的时代，想象力弱化是个不争的事实。当一个仿古作品仍能被拍到天价时，我们不禁为这个各行各业都在高喊着“创新”的时代而感到悲哀。当看到市场上充斥着粗制滥造、形式大于内容的所谓艺术品时，我们不得不为自己如何选择而感到困惑、彷徨。终身学习，学会学习，不仅仅是一个口号，还需要我们去实践。这也是作为每一位艺术家不被人嘲讽的唯一方法！

分析壶的造型：对称、线条、比例、和谐

淘壶之趣

名家所制之壶未必把把都是精品。以印章、职称为选壶标准会误入歧途。在砂壶市场上，有各种造型、质量高低不等的壶品，你要有一颗善于发现的眼睛，才能在众多的壶中挑到你的所爱。

每每看到商家店里一排排的壶，我总会和玩具联系起来。大人们玩壶、喝茶得快意之乐，与小孩子们玩玩具、收集游戏卡又有什么本质的区别？总觉着这都是一样的。如此，我是理解和鼓励儿子买他所喜欢的东西的。但我们可以不断地去引导他去探索玩具、卡片之外的东西，这样父子各得其乐，孩子也受到了文化的启蒙。

似乎痴壶爱壶者容易走这样买壶的路子，无论美丑，无论大小，总爱听一些壶的故事，然后又因为这些故事或者这把壶的某一点而冲动地请回家中。爱不释手一段时间以后，似乎又把它忘记了，继续周而复始地买壶。屋子里充满着良莠不齐的壶儿们。耳畔回响壶友的一句话："我用十把壶换你一把好壶，你愿意吗？"是的，每每如此，我想我们还是要不断提醒着自己购壶的冲动，不断提高眼力，提高文化修养，尤其是以不贪之心淘壶，十分重要。

因为这是真金白银的实战，此等历练，更容易提高淘壶功力。为何说是"淘"？淘字更强调了发现与果敢，强调了淘壶人的审美自主之心。

在紫砂壶拍卖市场上，有购买力的壶友在拍卖前也总会是想方设法地对拍品进行综合研究，他们对那种传承有序，经过众多高手行家过手过目的特定拍品，更增添了志在必得的信心。因为，眼前的这一个，是独一无二的，是凝固的特定时空下的美丽。

壶商说，橱柜中的皆为样品，若是看中了，可以定制。但我总以为，陶瓷是火的艺术，能制成一把好壶的不确定因素实在是太多。而淘壶，即是淘眼前的这一把，看你和它的缘分，爱上它，就把它带走，用心呵护，好水好茶相待吧。

宜兴低档紫砂茶具扎成捆（便于运输）

宜兴市丁蜀镇华丰陶瓷市场一角

以心为器

弘崇书法—不器

天中衲子法师在《茶与禅》中云：“禅茶之器物，并非美器，亦非宝器，更非旧器，而以圆虚清净之一心为器。此一心清净为器，系禅机之茶也。以名器著称供世赏玩之茶器，何贵可道。为饮一盏茶而购置无价之宝器，私藏于库当宝，又有何益可言。小人怀宝，适为招灾害之根源。老子云：‘不贵难得之货，使民不为盗’。总而言之，不管也不该谈论器物的好坏。去掉善恶的两样邪见，于自己心中素求实相清净之器物。如果把自己的清静之心当作器物，不管任何形状的东西也会成为名器。真正感悟茶道的人，若没有一把名家的壶，可能就已经得道了。”

初读此言，观名家壶品时，想起

这些话，总难以理解。

我日常生活之中仍用心吃茶。某一天，有此种念想：名家的壶是人家的，是凝结了制作者某一时刻的思想，壶品已经成形，在你的面前存在。名家的壶，对世人而言是名家作品，你如何看，在你的心中如何感受？非我的美器与你的心之比较，如何看？回过头来，继续关照你的心，仍然需要你自己去证悟，向外观看，无所觅。眼睛向内，观自己的心，洗自己的心，当把被污染的心洗得清净时，名器（你的心）方才为美。

少林寺内铜莲灯

梁溪和风茶席

大壶泡茶悟

初学茶，闻茶文化专家言小壶之妙，我也曾一度是砂壶小品的追随者。然而，当渐渐放下了对壶的那一份盲从之爱后，我发现，壶之大小，真是各有奇妙也！且不说明清时期爱喝茶的文人对壶之大小的爱与憎，就是你若爱上了茶，择小壶还是选大器，肯定也会有一番纠结的过程。

恰逢辛卯初春，一位无锡的茶友赠茶与我。所赠两款茶中，有一款是武夷山的佛手。叶片硕大，我特选择上一年秋天在云水涧壶庄选购的一把“朴圆壶”（其型似缸，名是吾取），叶片在壶内自由舒展，我想茶有性灵，想必一定非常欢畅吧！果然，开汤之后，其味清雅爽净，壶内叶片舒展大方，甚喜，甚爱！

爱茶之人，一定要让茶舒畅自由地伸展芽叶，茶汤一定鲜美宜人，茶若有心，则必能相通也。

无论器之贵贱，能发真茶之色香味者，才算是真名器。

茶桌上的几把壶

爱物惜物说锔壶

一把伴随你多年的爱壶碎了，心痛之余，念念不忘，还迁怒于是谁打碎的吗？如果是孩子莽撞行事所致，揍他一顿屁股，除了收获一阵哭声之外，碎壶还是不能复原啊。我在无意中，在紫砂壶图录和互联网上看到了如同古代战士铠甲上的铆钉状的紫砂壶。细细观之，原来是残壶锔了金属。小时候，父亲有个好手艺，种地、木工、织网捕鱼、修雨伞，补搪瓷脸盆、补铁锅、油木盆等。似乎坏了的东西在他手上都能被魔术般地修理好。“勤俭持家，节约惜物”是父辈们在生活中留给我们的生活法则。一把碎片残壶，以金属钉锔起来，又能围隔泉水与茶，在“疤痕”之中，又焕发出新的生命。也许新锔出来的壶还会有些渗漏，但随着主人的使用，茶水的滋养，壶不仅不漏，而且锔痕还散发着金属的光泽，一把别具风格具有残饰之美的锔壶诞生了！

生活在物质匮乏时代的人们，总是对物品有深度的爱惜之情。看不得如今的小孩子在生活上的浪费。“一啄一饮，莫非前定”，惜物惜缘，是无论什么时候也不过时的啊！如今，与时俱进，各种新的概念不断被创造出来，“低碳”、“环保”、“绿色”、“有机”……有时想，那些活动真的需要大张旗鼓地去宣传吗？这种观念大家难道真的很难明白？人们有了爱物惜物之心，还能暴殄天物吗？

如今，锔壶工匠比起“磨剪子来镪菜刀”的工匠来，更是难以找到了。（话刚说到此，过了两天，有个锔壶工艺大师竟然来到了我的博客上，成为了博友。）锔壶的工艺也被有志之士呼吁强调，望政府重视并能列为非物质文化遗产保护项目，毕竟，这个手艺体现了中华民族千百年来的爱物惜物、俭朴持家的美德。在疯狂的拆迁时代，中华美德不能随着老手艺老建筑消亡啊。而又有人说，有痴壶者因太爱锔壶之沧桑残缺之美感，特地把好壶弄碎了（如有一说：把壶内装上黄豆，黄豆吸水涨大把壶撑破）再锔好。在我看来，这如此做法有点痴迷过度，跌入了玩壶魔境。

毕竟，人们爱壶玩壶，是把人放在第一位，非壶第一。未见陆羽及其后人赞叹他追求过什么绝世宝器，而“茶之为用，味至寒，最宜精行俭德之人”，欢喜因茶而生的茶器，当亦修行“精行俭德”，方不枉吃茶玩壶也。

几把锔过的壶

呼唤紫砂艺术家

千年陶都，从制壶而论，宜兴丁蜀靠五色土谋生者在当代人数最多。当看到一本本精美的铜版纸印刷的某某紫砂壶艺术集、某某作品展、某某紫砂图录之时，你一定会心生如此的疑问：紫砂艺术家在陶瓷界真的有那么多吗？当你和一个非常年轻初涉制壶领域的制壶者交谈时，他拿起一把貌不惊人的壶自信满满地说，这把壶三万也不卖，你会有如何的想法？紫砂艺术真的比其他艺术高贵吗？当你看到做壶的家族，因为炒作（这是一个中性词语）和金钱之争而亲情分裂时，你拿着他们的壶，喝茶还能平静吗？当你看到一方面制壶者在媒体上信誓旦旦地批评代工现象，而又能经常在多个地方看到他类似的壶时，你会相信谁？

有些淘宝网店上公开这样宣传自己：给某高工代工某某某某元，现打自己的印章，只卖某某某元。也许这不是真的，但这样的事实还正在上演。

紫砂界就是娱乐界。不知是谁如此定义，竟然还真像这么回事。

我们为那些仍然虔诚地坚守壶道者致敬！我们要为那些不断创新的壶艺探索者而欢呼！因为，壶界有了你们，壶里的清茶才纯正，“本山土砂，能发真茶之色香味”的论断才不会在当今戛然而止。

那一把把散发着艺人生命气息的壶，彰显了制壶者的艺术风骨，制壶者的人格品位。一把把壶，凝固地记录了制壶者在紫砂艺术路上的追求，茶人们相信，好壶永远是有德之人抟制的，好壶永远是尊崇艺术的好人做出的，好壶最终被有德之人识得的。

我们呼唤好壶！呼唤德艺双馨的紫砂人！

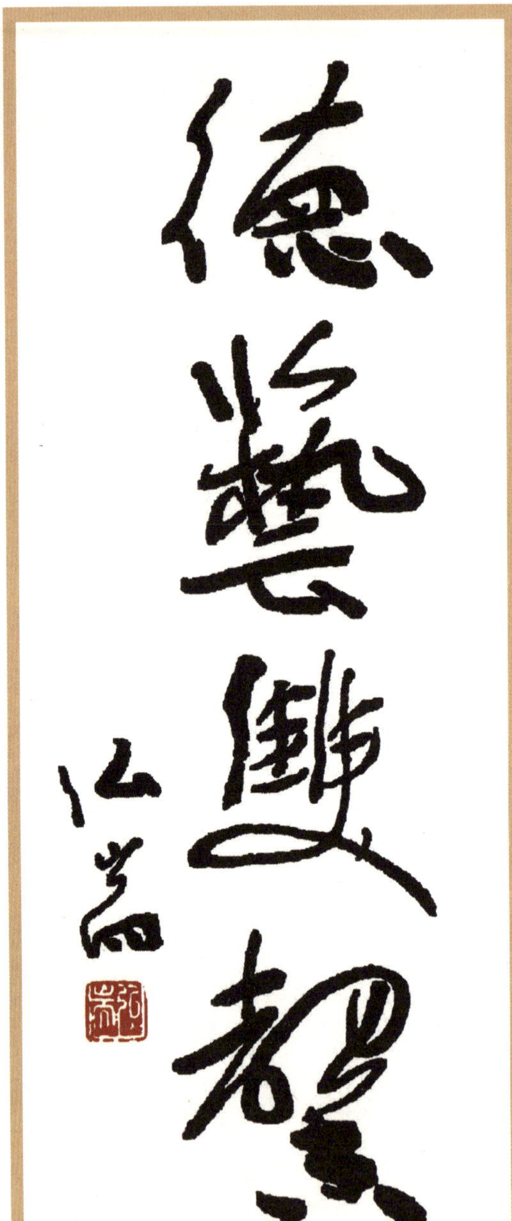

弘崇书法一德艺双馨

壶在路上

参考文献

[1] 顾景舟 . 宜兴紫砂珍赏 [M]. 香港：三联书店（香港）有限公司，1992.

[2] 唐家路 . 民间艺术的文化生态论 [M]. 北京：清华大学出版社，2006.

[3] 江苏省经济贸易委员会 . 中国江苏工艺美术大师精品集 [M]. 南京：江苏省人民出版社，2009.

[4] 郑延桂，等 . 中国陶瓷名著汇编 [M]. 北京：中国书店出版社，1991.

[5] 高英姿 . 紫砂名陶典籍 [M]. 杭州：浙江摄影出版社，2000.

[6] 徐秀棠，山谷 . 紫砂入门十讲 [M]. 上海：上海古籍出版社，2006.

[7] 徐秀棠 . 中国紫砂 [M]. 上海：上海古籍出版社，1998.

[8] 徐秀棠 . 大师说器 · 徐秀棠说紫砂 [M]. 上海：上海辞书出版社，2007.

[9] 韩其楼 . 紫砂壶全书 [M]. 北京：华龄出版社，2006 .

[10] 李砚祖 . 造物之美——产品设计的艺术与文化 [M]. 北京：中国人民大学出版社，2000.

[11] 高丰 . 中国器物艺术论 [M]. 太原：山西教育出版社，2001.

[12] 熊寥 . 陶瓷美学与中国陶瓷审美的民族特征 [M]. 杭州：浙江美术学

院出版社，1989.

[13] 宋伯胤，吴光荣 . 紫砂品鉴与收藏 [M]. 香港：商务印书馆（香港），2008.

[14] 罗文华 . 趣谈中国茶具 [M]. 天津：百花文艺出版社，2005.

[15] 傅英书 . 紫砂收藏的学问 [M]. 北京：蓝天出版社，2005.

[16] 胡付照 . 紫砂茗壶文化价值研究 [M]. 北京：中国物资出版社，2009.

[17] 赫伯特·里德 . 艺术的真话 [M]. 沈阳：辽宁人民出版社，1987.

[18] 闵周植 . 东亚陶瓷艺术的美学特征 [J]. 济南大学学报，2007，17（1）.

[19] 陈抟 . 神相全编 [M]. 北京：北京师范大学出版社，1993.

[20] 胡付照 . 紫砂壶养壶文化研究 [J]. 中国茶叶，2010（04）.

[21] 胡付照 . 紫砂壶艺术价值的当代思考 [J]. 中国茶叶，2010（11）.

[22] 胡付照 . 紫砂壶艺术设计审美论 [J]. 江南大学学报，2010（05）.

[23] 胡付照 . 紫砂壶中的茶禅文化意蕴探究 [J]. 农业考古，2012（02）.

[24] 胡付照 . 壶里乾坤——紫砂壶艺术探赜 [M]. 桂林：广西师范大学出版社，2012.

后 记

好作品自己会说话。惊鸿一瞥，面对紫砂艺术神品，即使是无意间的也总是能勾起你一丝牵挂，让你欲罢不能，这也许就是艺术的迷人之处吧。紫砂壶是视觉的艺术，然而，吾每每观壶，耳畔总是想起美妙的歌声，有时口中还似乎有殷殷甜蜜之感，这不能不令人感到紫砂壶艺术是如此的贴近生活，是真善美的艺术。初作此辑，欲读我喜爱的百壶，后转念觉百壶集于一册，易有囫囵吞枣之感。于是，思前想后，把近几年我论及砂壶造美、赏美、护美的几篇文章集在一起，有收有放，期望与爱壶的读者分享一些学习茶与紫砂文化的心得。基于此，遂同领略砂壶之美妙、茶汤之情趣。在砂壶游美中选六十余件砂艺作品，作以解读。这些解读之体悟是陆陆续续几年中偶得，代表了当时对壶之美的一些看法。但因自身学养不足，有曲解疏漏之处，还望读者艺师批评指正。茶壶因茶而生，遇壶而读，如同吃茶，有"一期一会"之慨叹。不同时刻，面对同一把砂壶，因人之心境不同，感受亦不同。赏析这些精妙的紫砂艺术品，也只是代表了我曾经有如此的感动。当下的你我又如何，谁又能知呢？

壶的欣赏，发现壶之美，是在不断的比较中产生的。你喜欢哪一把壶，喜欢它的什么，在此时此刻是自己何般的心在起作用？有贪、嗔、痴、慢、疑的念头升起吗？在起作用吗？如何洗涤它？如何让心的清净、善良、美好显现？我们不妨借由外物来反观自我。如今的人们，常在动与静中寻找自我的答案，栗强先生说，让“国学生活化，生活国学化”，其实从品茶、读壶、旅游中，我们最容易找到自己，因此读壶是修养身心、提高心性的法门。

观壶如己。一把壶从外在的造型上，就能找到与人体之美的相对应之处。大致上是，壶盖对应着人体的头部、壶口与身结合处对应着人体的颈部、壶肩对应着人体的胸部、壶把和壶流对应着人体的双臂、壶把的下底端对应着人体的手部、壶体下半部分对应着人体的腹部、壶足对应着人体的腿足部。壶的部件造型、细部刻画、经营位置，综合地表达出一把壶的精气神，而此种精气神，又是造壶之师个人性情、艺术风格的写照。

一年四季气候变迁，人心之境变化莫测。春之盎然生机，清新嫩绿；夏之繁茂丰腴，热烈奔放；秋之云淡风轻，寂寞凉意；冬之萧瑟，银装素裹，观器之气因人心而变，爱壶之人，以壶观心，可修心至善也。

并不是每把壶都能达到如此的艺术感动之美。何样的壶才能有着打动人的艺术之美呢？有人说，那肯定是名家的，大师的吧？抑或价格高昂的，远超黄金，赛过高级跑车的？爱壶之人定会摇首相对。徐风先生在《一壶乾坤》的后记中云：“在本书所涉及的人物中，只有顾景舟和蒋蓉赶上了评聘大师的时代。他们作品等身，高山仰止，晚年备受崇拜。但他们的晚年也有莫大的困惑，紫砂壶被炒得太离谱，一把小小的紫砂壶，让许多人丧尽天良。有人偷了他们几把壶，竟被判处死刑。这件事让两位老人大惑不解以至伤了元气，在他们看来，再怎么着，壶毕竟是泥做的，人可是血肉之躯啊。年轻人一时糊涂，上帝也会原谅。一把壶就抵消了一个年轻的生命，至于吗？他们甚至去政府，替那个小偷求情，但最终无济于事，这太匪夷所思了！‘把紫砂壶炒得那么高，那么玄乎，有必要吗？’蒋蓉老人晚年曾经不止一次地这样追问。真没想到，紫砂壶成了许多人难填的欲壑，成了许多人追逐名利的砝码，成了许多人道德沦丧的工具。壶已经不是壶了，壶变成了一个龌龊的江湖。”壶友们一脸凝重地说：“如今的紫砂界就是娱乐界！”壶友们呼唤那把“本山土砂，能发真茶之色香味”的壶，那把壶，你在哪里？

千年陶都风，紫砂文化扬。砂壶所承载的文脉在德艺双馨的艺人们的心里，在坚守“壶道”的艺人们的手上，在虔诚地热爱茶文化、壶文化人士的心里！愿我们的艺术家们，再一次聆听顾景舟先生的话吧：“紫砂壶创作应该顾及一般民众，使之成为人人必备的一种品茗养生之具！”

本书的顺利出版，得到了一如既往支持和关心我的中国财富出版社（原中国物资出版社）钱瑛、张娟老师的大力相助，书法家弘耑先生题写书名以及配书法佳作多幅，朱郁华教授题写书内各篇章名，罗名毅豪、秦宁宁等朋友提供了部分紫砂壶图等，在此一并感谢。

壶里乾坤大，杯中日月长。吾因茶而爱壶，习茶读壶滋养吾心。

茶道、壶道皆人道。

全世界爱壶者联合起来，为捍卫紫砂艺术之真善美而求索。

胡付照

壬辰年春月于无锡运河畔朴玄堂书斋